I0566767

DISCLAIMER

The author and publisher are providing this book and its contents on an "as is" basis and make no representations or warranties of any kind with respect to this book or its contents. The author and publisher disclaim all such representations and warranties, including but not limited to warranties of merchantability. In addition, the author and publisher do not represent or warrant that the information accessible via this book is accurate, complete, or current.

Except as specifically stated in this book, neither the author nor publisher, nor any authors, contributors, or other representatives will be liable for damages arising out of or in connection with the use of this book. This is a comprehensive limitation of liability that applies to all damages of any kind, including (without limitation) compensatory; direct, indirect, or consequential damages; loss of data, income, or profit; loss of or damage to property; and claims of third parties.

This Book Offers Free Bonus Puzzles
Available Here:

BestActivityBooks.com/WSBONUS20

5 TIPS TO START!

1) HOW TO SOLVE

The Puzzles are in a Classic Format:

- Words are hidden without breaks (no spaces, dashes, ...)
- Orientation: Forward & Backward, Up & Down or in Diagonal (can be in both directions)
- Words can overlap or cross each other

2) LEVEL UP THE GAME!

A space is provided next to each word to write new ones, translations or notes. We also offer a convenient **NOTEBOOK** at the end of this edition. It can help you organize your annotations, new words and/or observations.

3) TAG YOUR WORDS

Have you tried using a tag system? For example, you could mark the words which have been difficult to find with a cross, the ones you loved with a star, new words with a triangle, rare words with a diamond and so on...

4) EASY TO CUT!

The Puzzles come with an Extra Large margin to easily cut the page out of the book. Some people may feel it more convenient to solve them this way.

5) FINISHED?

Go to the bonus section: **MONSTER CHALLENGE** to find a free game offered at the end of this edition!

Want **more fun** and activities to **relax? It's Fast and Simple!** An entire Game Book Collection **just one click away!**

Find your next challenge at:

BestActivityBooks.com/MyNextWordSearch

Ready, Set... Go!

Did you know there are around 7,000 different languages in the world? Words are precious.

We love languages and have been working hard to make the highest quality books for you. Our ingredients?

One part easy-to-read print, three parts entertainment, then we add some challenging words and a pinch of rare ones. We brew them with care to serve you lots of fun and an opportunity to solve the best puzzles.

Your feedback is essential. You can be an active participant in the success of this book by leaving us a review. Tell us what you liked most in this edition!

Here is a short link which will take you to your Amazon orders review page.

BestBooksActivity.com/Review50

Thanks for your fidelity and enjoy the Game!

Delta Classics Team

Puzzle 1

```
P  R  O  G  E  T  T  O  I  S  E  A  D  Z  I
O  L  J  U  E  B  Q  W  C  Y  R  I  I  V  O
R  B  I  M  C  H  X  O  O  C  I  F  S  F  F
T  O  U  F  L  O  S  P  A  E  R  A  T  A  F
E  L  I  B  A  S  N  O  P  S  E  R  I  T  R
L  D  U  I  E  V  K  C  D  L  F  G  N  T  P
E  L  O  S  A  R  I  G  L  C  F  O  T  O  I
H  R  I  S  P  O  S  T  A  U  C  E  I  R  L
C  O  N  S  I  G  L  I  O  Q  S  G  V  I  L
S  P  E  T  T  A  C  O  L  O  Z  I  O  A  O
Z  G  X  L  U  X  R  G  G  T  Y  R  O  F  L
A  R  T  A  N  A  B  F  K  J  N  P  T  N  A
T  K  E  O  I  F  I  S  I  C  O  A  J  N  E
C  Q  A  E  M  E  S  P  A  N  D  E  R  E  Y
```

GEOGRAFIA	PILLOLA
MINUTI	RISPOSTA
FERIRE	ANATRA
SCOSSE	CONCLUSIONE
FISICO	ALCE
DISTINTIVO	APRI
FATTORIA	PROGETTO
RESPONSABILE	GIRASOLE
SCHELETRO	ESPANDERE
CONSIGLIO	SPETTACOLO

Puzzle 2

```
R  S  C  A  R  P  E  C  O  L  L  A  S  S  O
I  C  H  F  R  V  V  E  R  S  A  T  O  S  P
N  A  A  F  I  A  M  A  R  B  Y  B  Y  M  F
O  P  X  O  B  M  B  I  C  C  H  I  E  R  E
C  A  C  T  T  P  F  N  N  A  R  D  R  D  H
E  C  B  S  A  I  V  E  G  L  I  A  O  E  Q
R  E  F  P  U  R  D  E  T  B  D  G  N  P  W
O  X  D  T  Z  O  R  I  F  Y  B  U  G  R  A
N  W  A  F  Z  A  O  S  O  E  Q  I  I  I  Z
T  R  C  N  R  S  I  S  T  E  M  A  S  M  I
E  F  M  T  V  E  S  T  I  T  I  V  D  E  E
J  O  N  O  D  N  E  V  R  P  K  D  X  R  N
H  E  D  I  S  C  U  S  S  I  O  N  E  E  D
Z  U  V  O  F  F  E  N  D  E  R  E  B  O  A
```

AZIENDA
DITO
VENDONO
SISTEMA
STOFFA
RIFIUTARE
VEGLIA
OFFENDERE
RINOCERONTE
CAPACE

VESTITI
ENTRARE
DISCUSSIONE
SIGNORE
VAMPIRO
BICCHIERE
VERSATO
SCARPE
COLLASSO
DEPRIMERE

Puzzle 3

```
J P K Q P Z O G K W H R E R K
O F E R O T T A E R O T U A W
K E N R K Q A E C K S B O D S
I D O M M H R N N E E I J I T
W E I V N E T N I O G U U O E
I R Z S Q W S J L G I S G E S
A A A T K Y O S A G H Z Y E S
M L C R H B M V O B T E N W O
A E U A L M L D A D O O Z U A
R R D N L E R V F L G E T X F
E B E I S R I S O L V E R E C
M B A E F O T O G R A F I A H
B I E R E D N O F N O C V Q F
F L L O I G G A T N A V M T O
```

SELVAGGIO	ATTORE
RADIO	AUTORE
VANTAGGIO	LIBBRE
FOTOGRAFIA	STRANIERO
PERMESSO	AMARE
KIWI	DADO
LINCE	CONFONDERE
RISOLVERE	FUNZIONE
STESSO	MOSTRATO
FEDERALE	EDUCAZIONE

Puzzle 4

```
F R C J O D O I R E P X P H L
V U Y E V W C B R L A Y E I A
R O R I S Z N A L A T S R H T
O N X I K I I M F G T O E W T
R I C Z O A T M A E I G V Q E
B T P Q B S R A N L N M E S E
U T Y B L L O M R Z A L C S R
R A A U S X K G C E R Q I J E
R G R A N C H I O H E W R L N
O D E T E R M I N A R E V D T
A B B R E V I A Z I O N E F R
P I S E L L I S P I A G G I A
G E L A T I N A Y R A L E W P
A V V E N T U R O S O W W W K
```

PARTNER	PATTINARE
GATTINO	GELATINA
MESE	PERIODO
ESITARE	FURIOSO
RICEVERE	SPIAGGIA
DETERMINARE	LATTE
GRANCHIO	MAMMA
PISELLI	ABBREVIAZIONE
AVVENTUROSO	BURRO
LEGALE	ABBAIARE

Puzzle 5

```
A Y R N C V O S R I M X O R G
Q Q V T G T N I T E I K T E U
Z C E T A H I N M D L E T G A
H F R L P R Z I A U I F A A R
R E A A I Y L S S C O U N L D
I M L C V T A T C A N O T O A
S I O J D A C R H T E M A O R
C O V U P T T A I O V A V L E
Q Y R R X W L T O I L I B O M
N G X R A E M O A U A C J C A
I E N O I Z U T I T S I L E R
S U C C O S I J D H R D O S B
K W P I E L O V E R O V A F E
A S P E T T A R S I B D O I M
```

MALATO	VOLARE
ASPETTARSI	MILIONE
SINISTRA	FAVOREVOLE
DICIAMO	SECOLO
BORSA	EDUCATO
ISTITUZIONE	REGALO
SUCCO	CALZINO
GUARDARE	CRAVATTA
MASCHIO	SORRISO
MOBILI	OTTANTA

Puzzle 6

```
C N E R E N E T T A R T N I L L
H L A S C I A R E W S R N R G
I E S E R C I T O E T I P S O
A P R E M I O B E J C R N P R
M C L I E N T E C H V S H O Q
A W S F Q F A C I F I C E P S
R M D T J V V P D A F K S D Y
E O D N O M B I U W H S S L E
Z L W Y J E S G I O V A N E A
I T L M D C U H G W T W F R T
Y O E W O T A M A F F A U K L
I W E R A R I T I R G C W N I
T V S A R A G A Z Z A Y D H A
S O R P R E S A P R A T I C O
```

PREMIO	RITIRARE
MOLTO	SPECIFICA
MONDO	ESERCITO
OSPITE	CLIENTE
LASCIARE	ASINO
CHIAMARE	CURA
PRATICO	INTRATTENERE
DISCORSO	RAGAZZA
GIUDICE	AFFAMATO
SORPRESA	GIOVANE

Puzzle 7

```
B E L L A B A O W I D H D L C
C K Y Z N X O B K M A D I P H
A G R I C O L T O R E E V U I
V S Y X E G C W L U N C E Z U
I N E U G N A S L Z O I N Z N
E U N N F U L X E L R S T O Q
N M K K S F A E C M R I A L U
E E O Z P O M S C M A O B A E
W R B D U I A P U M M N U O Q
M O Y P N N R I I J W E L N X
D S T X T U O Ù Q U A R T O X
J I Z S A D R A M M A T I C A
S E M P L I C E M E N T E Z U
M A C C H I A T O M Y X W P I
```

SANGUE   BELLA
DIVENTA   UCCELLO
MACCHIATO   PUZZOLA
VIENE   AGRICOLTORE
SENSO   PIÙ
PUNTA   NUMEROSI
FUNGO   CHIUNQUE
SEMPLICEMENTE   DECISIONE
DRAMMATICA   QUARTO
MARRONE   CALAMARO

Puzzle 8

```
C O N D O T T A M K J O T P F
G A M M A W E R V A O J E E U
Y P I G O O F N L N T Y N P C
N P E R V U S N A A S U E E O
Y C H X A G T H P T E L R R N
Q L C E G T A S X N R B O O N
N H N B S T I Z O O R X T Z E
N T A B R A F L N F A V A Z S
Z N S E C U L N I X W S N I S
Z N F R J D T S C M L X E R I
B F R A A P X C L Z U O L I O
O K F S U V W E U U A S L D N
H X P R I N C I P A L I A N E
F I S C A L E N I G A M M I S
```

FONTANA
INDIRIZZO
MILITARI
MATURO
GAMMA
CONNESSIONE
CONDOTTA
ANCHE
PEPE
BLU

PRINCIPALI
PULCINO
OFFERTA
PER
FISCALE
IMMAGINE
LUCE
ARRESTO
SAREBBE
ALLENATORE

Puzzle 9

```
A F E O R U D P F S I D I K R
T B S T J P E C X C N T P A I
T O T A C I L P U D G V X G U
E Y C R L A J I L M R G U U T
L V P O I K E L H E E O R A I
L Z M L K D X X R J S O B R L
A I R O E T V T M J S P D D I
V X B C D T L V L P O T P A Z
A W J R W O N F O C A C C E Z
C D H O A V S E S Q L A B A A
R O C C I A C U L L A M I N B
C O N V E G N O U O F I O Q I
C O M P L E A N N O D C I M L
L E G N O Z C A V I T O M E E
```

GUARDA   COMPLEANNO
DUPLICATO   ROSPO
OLTRE   CONVEGNO
AMICO   CAVALLETTA
INGRESSO   EMOTIVA
COLORATO   FOCACCE
DURO   ROCCIA
TEORIA   RIUTILIZZABILE
LEGNO   CULLA
EST   DOLENTE

Puzzle 10

```
T A G L I E N T E Y Q E Z R X
O R M A G R O W N E E V O N D
M U S P I N T O O L R I C L M
P T D Q N A Q O I E I D C W E
F T J T N K I B Z S D E O R N
M A L L E R O S E A E N L Z O
O C F N I M O V T M B Z O T I
D T I F O L S X O E B A A G Z
E I D T L Z E W R H O I I A I
R W U E V H R A P Z O Q A F B
N A D B E O P C H N H Z P X M
O O D N R G M S N E F I Q D A
M Q S G M X O A T L O C C A R
T G R M E O C T A P P E T O A
```

ESAME	AUTOMOBILE
CATTURA	TASCA
SORELLA	VERME
TAPPETO	OBBEDIRE
ZOCCOLO	RACCOLTA
ANNOIATO	MODELLO
AMBIZIONE	MAGRO
TAGLIENTE	MODERNO
SPINTO	EVIDENZA
COMPRESO	PROTEZIONE

Puzzle 11

```
P R O G R A M M A R E A T S T
C U C C I O L O F N I M R C E
A C E T O I L B I B S I O O C
N V E L A Z V B B Y S T P I N
N K D Z W I J A T A E S I A O
O U G O A N S E J O T B C T L
D S G C E I S R M R S E A T O
A V S U X S G B O O J S L O G
G E L A U N A M T R I T E L I
P V O C E F U A N B N I P O A
P V N C V C M C A M E A N C Z
B S T K A R M W I I I M J Y P
J C D D O R Q O P T Y E I K V
Y D K F O R E C C H I O R Q V
```

TIMBRO
MANUALE
VELA
INIZIO
DONNA
VOCE
STESSI
PROGRAMMA
TECNOLOGIA
BIBLIOTECA

SABBIA
ORECCHIO
CUCCIOLO
FORMATO
BESTIAME
SCOIATTOLO
STIMA
PIANTO
PESCA
TROPICALE

Puzzle 12

```
O R D I N A T A L L E N O I A
N O N O S T A N T E S B L G I
O A F A G I O L O J S O U P V
C O M P L E S S O O P R R E R
S G L I Q À L V B P A V M R A
E Y Y E T Z Z O A T E G K I N
R E S L G X E R R T G B N R A
F R A A E A G A Q J K O J E G
Q E R I N I T Y V O M C Q T F
R N E C I C O R A G G I O S A
K A I I T B X P V W P M S N D
U M E F O P O S T O Z R Z X K
X I T F R A J U C A T E N A P
U R L U I R O I F Q L T G H P
```

FAGIOLO   NELLA
TERMICO   UFFICIALE
RIMANERE   REALTÀ
RANA   PERIRE
COMPLESSO   TARTARUGA
CATENA   FIORI
GRAPPOLI   FRESCO
TEIERA   ORDINATA
POSTO   NONOSTANTE
CORAGGIOSA   GENITORI

Puzzle 13

```
C D I P I N G E R E I V D O A
M A Z N A R O N I M N A E R R
Q T N C R I M I N E D S L D T
J U T D U Z W V D C I T I I I
O X X Z I F N E N V P O Z N C
J A H S V D L X B A E L I A O
A L Q H J F A E U N N L O R L
V E R T I C E T À T D O S I I
G C S N Z W I T O I E C O O J
Q S O L U K I X O C N O R T O
X I J L T L C Q W O T S O R X
A M A C I M R O F T E U V I U
C N Q B G O C C I A S B W W Y
E L A N R O I G S E C O N D O
```

ABILITÀ

MISCELA

CRIMINE

DELFINO

COLLO

SECONDO

INDIPENDENTE

ARTICOLI

GOCCIA

MINORANZA

TRONCO

DELIZIOSO

GIORNALE

CANDIDATO

DIPINGERE

VERTICE

VASTO

ANTICO

ORDINARIO

FORMICA

Puzzle 14

```
U A L U L L E C S S I F J T J
L L S V W Y T W W L S N K U X
A L T H G H N B W I A G M A S
R M S I S I E R E T S I S E R
G W P S M J M L I T D Y D R I
H O I C M O R V T A A A V E N
E C E O O T O K D M T L X P T
Z C G O D S I J M E O C A M E
Z U A T E I R T E N B R S O R
A P R E S V E J K T C S L R E
T A E R T F T W V O T N U P S
C R S J O A L P R I V A R E S
W E Z M E R U T I N R O F Z E
P K X O Q C O M B I N A R E T
```

SPIEGARE
CELLULA
SLITTAMENTO
RESISTERE
PARCO
INTERESSE
FORNITURE
PUNTO
COMBINARE
VISTO

OCCUPARE
ULTERIORMENTE
LARGHEZZA
NATIVO
ROMPERE
MODESTO
SCOOTER
PRIVARE
DATO
ULTIMO

Puzzle 15

```
K I F M Z P E T O Y O C X V X
C J Q R L O S D T Z K N F G Q
V Z W T P S P E N K R O S S O
O X S H E I R S E Y C G E Q N
L N J A N T I E M V D R R A I
O B G Q N I M R A I A U P R D
N F A O Y V E T H R E P V Y R
T Q L B S O R O T H X S Q W A
A L O L Y O E S Q Y H T S Z I
R T G H S J O T T E G G O V G
I T N E V M S T U D I O N T Z
O C I O I G G A M R O F I X X
R Z S D C U C C H I A I O T O
P E T T I R O S S I P O Z C F
```

AMENTO
ESPRIMERE
COYOTE
VOLONTARIO
CUCCHIAIO
SPURGO
OGGETTO
STUDIO
VENTI
SINGOLA

SOGNO
DESERTO
ROSSO
POSITIVO
SCI
PETTIROSSI
PENNY
GIARDINO
DIMOSTRARE
FORMAGGIO

Puzzle 16

```
D T R I A N G O L O M T I R W
I X H X V N À A R T I C O L O
V C L B E P T W H L Q R R X Q
E L V E C X I E B A I A O Q H
R V F T I R V E R T S H E A E
T F O N D O I R D S P T A T P
I D P E N Y T A C E C M N T O
M A T I I Y T C O F H E O O T
E J Y Z Y T A O N P D F W L E
N G I A H Z N I C E Q W L S R
T U R P S A R G C P O B Z O E
O G I À E J I E M E R C A T O
W K P C B E R A I G N A M A G
V S O S Y P B R U C I A T O T
```

FESTA   PIEDE
BAIA   GIÀ
LOTTA   MERCATO
DIVERTIMENTO   OCEANO
INDICE   ATTIVITÀ
MANGIARE   PRECEDENTE
GIOCARE   PAZIENTE
ARTICOLO   RITMO
FONDO   BRUCIATO
TRIANGOLO   POTERE

Puzzle 17

```
T A F F Y E I Q Q K E U G M A
A F O I S U N G U R E O W E Q
L O R L D Q V B E A V V Y D J
A I M H A N I U L T G A W I N
C R U Q C U T N X L J L J O E
A G L O I L O R T E P C I N S
N Z A C D A S K U C A V O A E
I C I U E N E I S X I T V T
T H H O D Q E T X G Z Q Y A T
S B D R N A D E L A E R W T I
A Z E M O E S F N I H V P S M
P N I D Q P O R T A T O C G A
B B P E S S I M O U A K O O N
V A L U T A Z I O N E G Y T A
```

PESSIMO
AZIONE
SCELTA
NAZIONE
DEDICA
SETTIMANA
MEDIO
PORTATO
QUALUNQUE
FORMULA

INVITO
QUAGLIA
LUI
PETROLIO
PASTINACA
STAVA
DENSO
REALE
UOVA
VALUTAZIONE

Puzzle 18

```
V D N G T E Z Z A A E C X O E
A N O S R E P C G Z V O F M Y
O N R O T N I U E Z A W B F V
V M T E I T F W Q E N I R A M
R O Z O T N E M I T R O S S A
M G B I C O R T E L M L Q N H
T F L V A L O R E A F J A N P
I L A R M A D I O U G U B Q H
E D V A C C O M P A G N A R E
C A D U T O S I C U R E Z Z A
A N N I V E R S A R I O Q B J
G E N T I L U O M O K J Z E J
P R O M E S S A R A G A Z Z E
L I N G U A G G I O C H Z V V
```

GENTILUOMO   VALORE
SICUREZZA   ARMADIO
MOTORE   PROMESSA
PERSONA   NAVE
FUGA   ANNIVERSARIO
MARINE   ELLITTICA
LINGUAGGIO   RAGAZZE
CORTE   ASSORTIMENTO
INTORNO   ALTEZZA
CADUTO   ACCOMPAGNARE

Puzzle 19

```
V Z R O M B M T G B C P K B E
I U D X Y O B W O C E A G H R
L C O R E P U C E R E R J I A
L C C L U B C C M T H O C L C
A H N E V A Y G N Z X L U D I
G E D L L N Q E P H C A J H L
G R T E E O M R E G I N A I P
I O I M L A T S I V R E T N I
O O L S M I X V E D E R E I T
Q J W I N K C O T S N X F M L
G A T I F O N A F R I G O O O
G L F E R I U R T S O C P U M
U O M B R E L L O A Y R J N Q
M A N T E N U T O C H I A R O
```

ULTIMAMENTE
COWBOY
CHIARO
BOCCALE
INTERVISTA
VILLAGGIO
MOLTIPLICARE
DELICATA
ZUCCHERO
RECUPERO

COSTRUIRE
UOMINI
OMBRELLO
CLUB
FRIGO
VEDERE
PAROLA
MANTENUTO
REGINA
STOCK

Puzzle 20

```
D F A A S I N C L U D E R E V
I D I T C O F I N Z I O N E T
F E G T E E T U S Y Z E G U R
F T B E Q Q I T A O R M M O A
U N Z N E M E N O S R E P G N
S E À T S E R I A R I S O S Q
I M T O I R A M I R P Y G Q U
O A I D E N T I F I C A R E I
N T N A L T I T U D I N E O L
E R U N N A V I G A R E E O L
O E M J O I N S E N S A T O O
E C O T N E M A I Z N E C I L
V J C V E S T I T O U I H T S
E C D A T R A B A L L A N T E
```

ATTENTO
FINZIONE
PRIMARIO
PERSONE
LICENZIAMENTO
SERIA
COMUNITÀ
INSENSATO
RISO
TRANQUILLO

INCLUDERE
DIFFUSIONE
VESTITO
SOTTO
ANNO
CERTAMENTE
TRABALLANTE
ALTITUDINE
IDENTIFICARE
NAVIGARE

Puzzle 21

```
D  W  W  J  G  G  U  O  B  F  B  B  L  O  F
E  E  M  R  E  H  T  Q  M  O  S  R  A  C  S
S  L  C  Z  X  L  E  H  S  E  I  I  P  P  B
I  A  L  O  U  H  N  E  B  G  I  L  I  M  U
D  R  S  D  N  O  T  I  L  U  P  L  A  P  H
E  U  A  J  A  O  R  P  X  Z  A  A  N  G  G
R  M  L  L  F  T  M  O  K  T  L  N  T  B  E
O  L  L  O  D  B  R  I  F  J  T  T  A  R  X
S  U  A  E  È  F  F  A  C  I  R  E  V  O  P
I  G  F  D  O  C  C  I  A  O  M  A  N  O  F
S  U  R  R  I  S  P  O  N  D  E  R  E  S  Y
P  A  A  A  U  T  O  M  A  T  I  C  O  Z  G
M  L  F  O  S  C  I  L  L  A  Z  I  O  N  I
J  I  R  O  U  F  C  O  M  M  E  R  C  I  O
```

MANO
AUTOMATICO
RISPONDERE
DESIDEROSI
FUORI
ECONOMICO
MURALE
RIBES
BRILLANTE
OSCILLAZIONI

CAFFÈ
ADULTO
UGUALI
FARFALLA
COMMERCIO
DOCCIA
POVERI
PIANTA
SCARSO
PULITO

Puzzle 22

```
D  B  C  W  M  A  N  T  E  L  L  O  N  P  A
M  I  A  R  R  E  T  T  I  B  E  J  E  T  D
I  S  T  O  E  N  A  T  N  A  T  S  I  I  R
L  O  T  S  V  U  O  T  A  T  O  L  L  M  O
L  G  U  G  E  V  L  R  J  B  A  A  S  S  C
E  N  R  G  S  M  L  Z  Z  S  M  K  Q  F  I
V  O  A  W  T  Z  E  R  O  I  L  G  I  M  R
S  X  R  M  I  P  T  L  N  T  E  C  H  T  N
I  H  E  S  N  G  A  A  O  Y  Q  E  P  I  O
Y  F  M  S  T  F  R  J  J  S  F  J  D  M  T
W  K  X  E  O  L  F  A  N  S  I  O  S  O  T
P  R  O  C  E  D  E  R  E  C  M  M  R  X  E
A  G  G  I  O  R  N  A  M  E  N  T  O  M  Q
P  B  H  D  C  I  T  T  A  D  I  N  O  K  L
```

SVUOTATO   NOTTE
DICE   MILLE
AGGIORNAMENTO   CATTURARE
FRATELLO   RICORDA
ESTINTO   MANTELLO
ISTANTANEO   BISOGNO
SALITA   SOLE
MIGLIORE   PROCEDERE
TERRA   ANIMALI
ANSIOSO   CITTADINO

Puzzle 23

```
M U C I N F O R M A Z I O N I
A O U J T S U J X N R V L A L
G T C N V U D K D G T T L L T
G N I R G A I O W U E I E O L
I E N C N F V G C R L N N I C
O M A H F R I O X P E P G C P
R I R C E I D U Z X S U A C N
B U E B G N N L B P C T I U C
M G B Z L N I Z X S O C C L V
E E A X B R C K Y H P F S H M
M S M E R A U D I V I D N I L
A N I C I D E M U N O S E P L
Q I Z I A H B O L L I T O R E
P A R T I C E L L A N W S C X
```

INDIVIDUARE	INFORMAZIONI
INDIVIDUO	MEDICINA
MEMBRO	DOVREBBE
PRUGNA	BOLLITORE
MAGGIO	LUOGO
TELESCOPIO	INSEGUIMENTO
INPUT	PIETRA
CUCINARE	ZIA
PESO	PARTICELLA
AGNELLO	LUCCIOLA

Puzzle 24

```
G  I  V  A  N  E  S  O  O  T  F  P  X  R  X
L  O  C  V  D  V  T  C  S  V  J  I  M  J  V
U  E  B  J  G  A  T  R  O  T  P  C  R  B  B
N  R  S  T  T  I  E  U  L  P  T  C  V  X  B
G  I  I  T  W  H  Q  I  O  O  O  R  E  V
O  V  A  R  T  C  P  H  V  N  G  L  D  H  P
A  R  U  T  N  I  C  I  U  E  I  I  O  C  E
T  E  O  S  S  E  P  S  N  L  N  R  M  A  T
C  S  P  R  S  N  A  I  M  A  I  X  I  S  T
D  Z  S  D  Y  M  B  L  C  B  Z  S  N  W  I
P  U  N  T  E  G  G  I  O  O  I  D  A  T  N
C  I  T  A  Z  I  O  N  E  C  A  F  N  U  E
P  R  E  S  T  O  U  Y  S  R  T  E  T  R  G
T  D  X  Y  R  Y  L  A  B  A  O  Q  E  U  H
```

INIZIATO
PRESTO
CHIAVE
VERO
SCOPO
CITAZIONE
PICCOLI
CINTURA
CHE
PUNTEGGIO

TIPICO
PETTINE
ARCOBALENO
NUVOLOSO
SERVIRE
LUNGO
TORTA
TRATTATO
DOMINANTE
SPESSO

Puzzle 25

```
S E N T I R E M D W V M P O D
C O N D U C E N T E I I A W U
Z V P O Z F K L E Y A S G Z R
J Z J S L X N S B H G T I W K
S P V A S E R P M I G E N R B
A R Z S A X Q P U R I R A E D
R O N U C L A U Q W O O V J O
E N I Z R K U J S E N L I R P
N T Y D L Y E B K U A N R V P
A O D L X S T R A M I I E O I
S O L I T A R I O E P N M S A
L G H J X S O U M J U O P O B
R M M R O K F A C T U O P Z P
F A I N T E N D O C N A I B D
```

SOLITARIO
QUALCUNO
CONDUCENTE
VENUTO
ARENA
IMPRESA
VIAGGIO
RIVA
TRAM
PIANO

FORTE
LAZO
PRONTO
PAGINA
MISTERO
DOPPIA
UOMO
INTENDO
SENTIRE
BIANCO

Puzzle 26

```
V H A C X N A S L R Z R O C F
D S Z G R N B U U O Y P F A I
U B N M K Y U O N I P B O S G
H V E S U X C L T O C A T T L
F E R O C E O O L U Y M A A I
A R E P N C K A J I B B I G O
T I F O N A G A R U X I Z N Z
T C F V O L P E J U X N N E O
R U I T I S D E Z J A O E N T
A C D R A J X M A I E P I K A
E M O N T A G N E F S L C P R
N P R O F O N D O Y U E S U P
T J E N O I S S I M S A R T Q
E M S Y H M N V L Z O K P Q O
```

BAMBINO
GALOPPO
PAURA
ATTRAENTE
URAGANO
BUCO
SCIENZIATO
TRASMISSIONE
MULINO
SUOLO

CASTAGNE
PRATO
MAI
FEROCE
PROFONDO
CUCIRE
MONTAGNE
FIGLIO
DIFFERENZA
VOLPE

Puzzle 27

```
A  S  L  Q  U  I  O  E  W  B  T  G  V  V  V
P  T  A  O  V  E  R  I  T  À  E  C  E  K  E
P  E  D  N  N  L  A  L  U  Z  M  S  L  V  J
A  L  S  N  U  T  A  P  Y  S  P  I  O  A  A
R  L  N  O  V  T  A  E  K  E  E  N  C  T  E
T  A  I  S  N  A  C  N  R  A  R  S  I  A  S
E  C  H  E  K  B  O  A  O  X  A  E  T  R  B
N  S  R  Y  L  C  N  W  T  P  M  G  À  D  N
E  T  T  V  R  Z  I  X  A  B  A  N  T  I  E
R  P  F  L  A  U  G  W  L  D  T  A  V  V  T
E  Q  U  A  S  I  L  O  O  K  I  N  Q  O  T
M  A  R  C  I  O  I  K  S  X  T  T  C  D  I
L  I  J  N  O  T  O  M  I  D  E  I  P  Q  C
C  A  M  I  C  E  T  T  A  R  N  P  E  L  T
```

QUASI	PIEDI
ISOLATO	TEMPERAMATITE
LONTANO	SONNO
CAMICETTA	QUI
VELOCITÀ	NETTI
VERITÀ	MARCIO
SPERANZA	TARDIVO
STELLA	CONIGLIO
INSEGNANTI	TRENTA
DAL	APPARTENERE

Puzzle 28

```
P  T  F  E  S  T  E  R  A  S  U  C  C  A  E
J  F  E  A  L  O  V  A  T  B  L  D  E  L  A
E  N  O  I  Z  I  S  O  P  K  S  G  L  Y  V
A  B  A  Z  A  R  E  I  L  A  D  E  P  S  O
V  A  R  I  E  T  À  V  Z  A  T  E  N  O  M
N  Z  D  L  I  U  C  N  N  S  M  P  F  M  A
B  E  Y  O  W  N  M  B  S  W  P  H  Z  N  T
P  R  O  P  H  O  V  V  R  T  E  S  T  O  O
B  O  R  D  O  E  Z  I  À  U  N  F  R  I  P
G  E  N  T  I  L  E  G  T  Q  C  Q  O  D  O
E  S  T  A  T  E  R  N  I  A  Y  I  N  Y  P
O  I  N  H  B  J  P  O  N  Y  R  I  A  E  P
P  A  C  I  F  I  C  O  U  K  O  E  Z  R  I
R  E  A  Z  I  O  N  E  Z  K  L  F  V  Y  E
```

FESTE   POSIZIONE
BORDO   OSPEDALIERA
VARIETÀ   ESTATE
MONETA   PONY
GENTILE   INVITARE
IPPOPOTAMO   TAVOLA
STELLE   ACCUSARE
TESTO   POLIZIA
UNITÀ   REAZIONE
PACIFICO   BRUCIARE

Puzzle 29

```
E  R  E  G  G  U  R  T  S  I  D  C  Z  L  X
R  I  G  O  P  T  R  O  F  M  O  C  J  W  Z
M  U  R  R  E  I  R  L  A  U  T  O  N  P  D
E  N  A  G  W  G  G  E  R  I  S  A  T  A  O
L  C  Z  A  W  R  H  L  M  D  N  Z  G  O  L
L  A  I  N  E  U  Y  E  S  E  R  R  I  I  C
I  C  E  I  L  G  S  Y  C  P  N  G  D  P  I
N  A  R  Z  I  O  J  E  H  D  G  D  C  M  W
O  O  A  Z  C  F  V  O  R  E  B  L  A  E  A
N  X  R  A  I  J  I  B  T  H  A  B  W  S  U
O  H  U  R  F  K  A  N  O  R  O  C  J  E  I
O  Y  S  E  F  G  O  T  T  E  N  I  A  Z  C
N  B  I  M  I  C  A  S  S  O  L  U  T  O  L
A  J  M  N  D  B  V  E  I  C  O  L  O  Y  S
```

VEICOLO	ESEMPIO
RISATA	DIFFICILE
ASSOLUTO	CACAO
ORGANIZZARE	COSE
ZAINETTO	ALBERO
GRAZIE	CORONA
CONTEGGIO	COMFORT
DOLCI	AUTO
MISURARE	ERMELLINO
TREMENDA	DISTRUGGERE

Puzzle 30

```
F O T O C A M E R A O T D K A
I C Z E B R A A V V I S O D G
Z M G A S A C I B O V E M E E
A S P D D D E C D P N T A R N
N M H R D P B P L E I E T I T
A Q N X O K E R K R S R L P E
P F I J N N U C M A O O E M
M R P T S S T K S E I T C C V
A A Q A L X I A I T S A S N G
C I R C O L A R E T L C A O Y
K E N K Y Z X K M E A R P C N
R M O A D I Q J O R U A P B Q
L W O K F I K A N S Q M C Z C
I E H Y W I D I V I D N O C C
```

MARCATORE	AVVISO
VELENO	CIBO
IMPRONTA	CONDIVIDI
ASCOLTA	ZEBRA
PERMETTERSI	QUALSIASI
CAMPANA	NOME
TEST	CONCEPIRE
INVIO	FOTOCAMERA
CIRCOLARE	AGENTE
CASA	PENSARE

Puzzle 31

```
M  P  E  R  S  O  N  A  L  I  Z  Z  A  T  O
S  E  G  O  V  E  R  N  O  U  W  C  G  C  P
X  X  N  Q  U  V  T  L  Q  O  K  L  C  O  A
A  V  X  O  N  A  T  T  A  L  L  A  U  N  S
T  S  U  S  D  E  U  S  G  L  O  R  P  T  T
O  Y  S  O  W  Z  E  V  D  D  T  I  I  R  E
R  I  C  I  M  E  N  X  O  I  A  C  D  O  L
A  S  N  G  S  K  B  M  X  A  N  C  O  L  L
C  L  W  I  Z  T  W  P  R  W  G  A  N  L  I
T  I  A  L  E  R  E  V  O  U  M  I  R  A  E
D  T  W  E  T  G  H  R  J  O  X  C  O  T  P
Q  T  I  R  A  Y  L  Z  E  S  V  C  T  O  C
E  A  B  A  N  D  I  E  R  A  I  O  I  V  B
M  O  N  I  T  O  R  A  R  E  P  E  R  S  O
```

ALLATTANO
MENO
GOVERNO
PERSONALIZZATO
MODO
RITORNO
NATO
SLITTA
CAROTA
CONTROLLATO

RIMUOVERE
CUPIDO
RICCA
BANDIERA
NEMICI
RELIGIOSO
ASSISTERE
PASTELLI
MONITORARE
PERSO

Puzzle 32

```
C T O S S E C C U S R X V V C
X A N R U R A N T E N A T O I
Z S K O S P I R U C I S X H C
H S W I K L R M L P P E T M L
P O U E D K V E A P A M K L I
D R R R Z Y T R M L E W O O S
A O I U R J D O B O G E D J M
N N E M J A O R T S A S I D O
S J G D A V N R F N W D U E Q
F A T T O R E E R A N U L K F
L E O P A R D O N S E K F H A
E S P O R T A Z I O N E E L R
A M E L B O R P R A T I C A E
S T R U T T U R A P E S C E F
```

DISASTRO   SICURI
LEOPARDO   TASSO
LUNARE   FATTORE
SUCCESSO   PRIMA
FLUIDO   STRUTTURA
ESPORTAZIONE   ANTENATO
PROBLEMA   SUPREMO
CICLISMO   FARE
RIMA   ERRORE
PRATICA   PESCE

Puzzle 33

```
V F I N B A M R O F B I N I L
Z S D H Q Z N T L E Z C Z C E
P O E Q M H L E N L A Z E I G
E T A W D O S E M B R A R E G
C U L V V S F R D Y A T I A E
O E E N I I P I G X G T G G R
R R I B C Y L L B T A U A E E
E O I I J Y E A P H N R R S S
C L O L S F A S O N G F E C C
E A G A L L E G G I A N T E E
P C D E F I N I R E T J N F N
R I C H I E S T O F N I I L A
J O E O J I N I C N O L L A P
A F F I D A B I L E M Q J H C
```

FRUTTA
SCENA
SALIRE
INTERAGIRE
FLESSIBILE
LEGGERE
GARA
DEFINIRE
SEMBRARE
COINVOLTO

PECORE
AFFIDABILE
FORMA
BENEFICIO
RICHIESTO
MONTAGNA
IDEALE
CALORE
PALLONCINI
GALLEGGIANTE

Puzzle 34

```
M A T R I M O N I O R O L L C
R I V I S T A S C R Q A J V O
H Z B C K J T M I U A P A O C
T S V Y E R A E O C X J V Q K
G Y O I O P G T T I P N Q Y T
Y Q W D H C L T O S C E B E A
X F N Q B X I E L T L R M S I
E O A R C C A R A I P A I E L
C V M N F K T E B C I T S Z I
L T E D T C O I U E O N E I K
O C N X S A S R M R M E R O N
D W I T B I S Q J T B V I N R
L P C T R W A M A O O N A E S
F O L C L O R E A E T I M I L
```

COCKTAIL
SMETTERE
DOLCE
PIOMBO
CINEMA
MATRIMONIO
INVENTARE
SICURO
CIOTOLA
MISERIA

LIMITE
CERTO
RIVISTA
FOLCLORE
TAGLIATO
LORO
SEZIONE
CONDOR
FANTASMA
RISIBILE

Puzzle 35

```
A C N T F C O C I G A R T U D
N Q W F E R E G N I P S J L D
E D O V E R E V V W M L X L N
L E T T O P O M I I N A W N A
A I G G T T R U A W L R U G Z
F T G K A J A C R B A D A I I
J T R I S O U T E V I A H G O
C A O X U K B Z I F R U S O N
X L Q E F L I G O R E Q N W A
Y A B J O T O V X R R S W O L
M M O C A R C J V L B I H E E
V A C S E M P L I F I C A R E
C O P E R T U R A Z L C F A D
D W L A L L E N A M E N T O M
```

INVIARE
SQUADRA
VIGORE
DOVERE
VOTO
MALATTIE
TRAGICO
BLOCCO
FALENA
LIBRERIA

NAZIONALE
ALLENAMENTO
SEMPLIFICARE
USATO
COPERTURA
LETTO
OCA
USO
IRRITATO
SPINGERE

Puzzle 36

```
T O T T E N E R E V E T E R S
I O O J I H K H S I R S T S M
G L T E J O U W B V E O O E O
R N F X Y E J H A E D I Q T M
E G I P S O O E K N A B A N I
B M U A T D C Q V T C I Z E L
S O L U Z I O N E E C C Z C L
P R O P R I E T À C A O E E E
D G E I R A O M I D C N G R P
C I C L O Z I R B E R F G K I
C E R A B U R R A Z E I A S E
K D L W S A N N O G M N S E D
P O L V E R E Q E N A E D S I
A T T A C C O U H O E U J C I
```

MILLEPIEDI	SAGGEZZA
ATTACCO	GONNA
POLVERE	AIRONE
SOLUZIONE	ARRICCIATO
CICLO	MIX
RETE	RECENTE
PROPRIETÀ	CONFINE
CREMA	ACCADERE
VIVENTE	RUBARE
OTTENERE	TIGRE

Puzzle 37

```
K P V P P O M O D O R O F B L
C I I R X U D S A S S D E G C
L A N E R T N E M T C I L E B
V T C S M J C C I Z R F I N A
D T E U C E S A R F I E C E S
M O R N R N R R U I V N E R E
P E E T O O Q A I B E D I O B
B B T A C P A Z V A R E Q S A
C S T O O A O N O I E R C I L
Z X S R D S A A O N G E K T L
C K Y K E O R Z A E N L H À U
S P E N S I E R A T O L I C L
V U V M B A C E T O N I N A P
S O S T E N E R E R Z R L I B
```

SAPONE
METODO
PRESUNTA
GENEROSITÀ
PIATTO
SPENSIERATO
PANINOTECA
CROCO
DIFENDERE
BASEBALL

FRASE
ZANZARA
SCRIVERE
TRE
POMODORO
MERAVIGLIA
VINCERE
SOSTENERE
FELICE
MENTRE

Puzzle 38

```
V V I T A M I N E D N Z Y B Q
A I C N U N O R P I O T L O V
W L S I A F H E I V V F W U G
B Y O T T E R T S A E Z Y J G
B G O D A Ò M R T N U V A F G
E C C E L L E R E O I T T I Z
R O Q R I S E N S A Z I O N E
I G Q A U W R R B O F D O G P
F N N L D R I A A I Y B O O X
I S N R N K R T B T C T X S N
U O G A H D F X M V U I E I B
T H S P W D F A A N Y L E B C
I P H K V X O A G T Q S A C K
D O D I C I S S C E L T O V D
```

GAMBA
SCELTO
PRONUNCIA
VISTA
RIFIUTI
STRETTO
DODICI
VITAMINE
PERÒ
SENSAZIONE

NOVE
SET
SOFFRIRE
ECCELLERE
UVA
VALUTARE
PARLARE
BISOGNI
VOLTO
DIVANO

Puzzle 39

```
F G H I E N O E L F R L I K X
X L A R U T T E L F F S U H Y
T A O O Q N I K U P R K W I L
L U R C N Z S G K A S E D I A
C R E C U K J T R C T F F F O
M A I H V W D T X I N A I P E
I V S I O N N I R T G M R A F
M A N O H O M A T E R I A I P
W N E K C C Z U F L L D M R T
P E P S N C C M Z T P C K E H
A L O E J O M G H A V S Z B X
D L G D I T N E P R E S I L A
R O N Y K E H Y Q B A S E A J
E D I M C X P O R T A T I L E
```

OGNI	ALBERI
BASE	OVUNQUE
RAVANELLO	SCONTRARSI
OCCHIO	ATLETICA
LEONE	TIRATA
PORTATILE	SITO
SERPENTI	PADRE
LETTURA	CUORE
TOCCO	PENSIERO
MATERIA	SEDIA

Puzzle 40

```
A A G X F K Y A K O Z I F D D
N M U I N U J R F B S N R I I
O H I T W L Q E A O I D E B M
S L C C O B T S M P G O T A E
T X I Z H B K A J B N V T T N
R E N U Z E U T X A O I A T A
O S R N T N V S R P N A I R
G S E R C I U O T S A A N T E
F E V E C D R R L G G R M O A
Y R X G V U R T X E V E A P E
D E H O D T E L I M I S S I D
P A L N G I R E S G U A R D O
Q H Q T N B U F M A S S I M O
R I F H K A U I I M P E G N O
```

ABITUDINE
OKAY
BASKET
SGUARDO
IMPEGNO
ESSERE
DISSIMILE
INDOVINARE
AMICHEVOLE
APE

MASSIMO
NOSTRO
VERNICI
FRETTA
AUTOBUS
DIMENARE
FELTRO
SIGNORA
STASERA
DIBATTITO

Puzzle 41

```
E  P  M  Y  F  Z  A  P  J  V  E  S  G  P  E
S  C  A  I  R  O  M  E  M  R  T  O  C  R  C
S  L  N  Z  E  Y  A  Q  A  A  N  B  K  N  C
E  F  I  E  Z  A  E  N  D  M  E  B  I  E  E
N  I  C  T  D  A  O  A  E  O  M  A  C  C  Z
Z  N  O  D  K  I  T  A  R  V  A  L  A  E  I
I  E  G  G  Z  T  C  S  O  I  R  Z  M  S  O
A  R  Z  N  O  O  G  V  S  T  E  A  I  S  N
L  P  E  R  I  S  O  R  S  A  N  T  C  A  A
E  M  S  P  O  R  C  A  E  E  E  O  I  R  L
U  E  H  C  L  A  U  Q  F  R  T  D  A  I  E
P  S  P  K  P  Q  I  T  O  C  M  L  X  O  R
C  A  P  I  T  O  L  O  R  I  N  G  F  O  Z
S  P  I  N  A  C  I  K  P  R  L  W  F  W  L
```

MANICO	TAZZA
SPINACI	NECESSARIO
SOBBALZATO	RISORSA
SPORCA	ADATTO
CAMICIA	ESSENZIALE
SEMPRE	ECCEZIONALE
PROFESSORE	TENERAMENTE
RICREATIVO	MEMORIA
CAPITOLO	MENZIONARE
QUALCHE	FINE

Puzzle 42

```
A C S X P F N I E O S F T G A
R O E L Q Y L T R R C U E O L
R C C K N L M U E U I R R T A
A B C W E E G K I B M E M A Z
B O A U R N H K L M M T I I N
B T Q G A I J U G A I T N L A
I T D C E Y F C O T A O I G T
A I I U P O A N I R O N G I S
T G E N Y R Z N C M S A G V O
O L F W R R T Q S A P X U O S
M I U I Q U A L I F I C A R E
V A E C O N S E N T I R E G N
E R R U D I R A N C O R A G J
A N T E R I O R E S U D W A D
```

CARRIERA
AGGROVIGLIATO
RIDURRE
QUELLI
TERMINI
SCIMMIA
ARRABBIATO
FURETTO
CONSENTIRE
ANCORA

SCIOGLIERE
SIGNORINA
CANGURO
QUALIFICARE
BOTTIGLIA
SUD
TAMBURO
ANTERIORE
SOSTANZA
SECCA

Puzzle 43

```
N R G Q Z Q A R U T T A R F I
O É K T B K W Y E E R S P V M
X H K L R A P M P N I P E L M
N C P I P L R Q E T E E N V E
D R G Y O O S R I A M D T W D
B E N Q N C C N S T P I O L I
O P A E I I O K L I I Z L A A
E A F R C V Q T I V R I A K T
A R E A I R N B X O E O P V A
X J R I Q A A E D N T N I G M
I M D L F I T S A H N E E A E
T J A G Z N W I B A A B N L N
O E M A E V E C C H I O O L T
P K T M N M P E E Q P Z U O E
```

ENORME
MAGLIA
GALLO
PENTOLA
ARVICOLA
SPEDIZIONE
VECCHIO
TENTATIVO
BEN
PIENO

MENTE
MADRE
PERCHÉ
IMMEDIATAMENTE
AREA
ARIA
SIEPE
FRATTURA
RIEMPIRE
PIANTE

Puzzle 44

```
G T K M I P P Q O L K E J U O
O R R U N I I R V F W O C T R
R A R S T A S H I N O R N F B
S D A I E C T I T E E E G X B
O I G C R E O V A S M L T W A
F Z A A R R L X C A S L L H L
O I Z L O E A E I W I E R L L
R O Z E M R R G F Ò U P I T C
C N O U P E G A I L K I X A O
E A Z Y I E R E N E T R L C L
L L I A T N V Y G E T L C R O
L E E T N L R T I O O R T A N
A T A T O U N B S C X I Z B N
G U A D A G N A R E T L W Y A
```

CRESCERE
TRADIZIONALE
COLLA
ORSO
ATTEGGIAMENTO
TENERE
SIGNIFICATIVO
NUOTATA
PISTOLA
INTERROMPI

MUSICALE
PUÒ
FORCELLA
BARCA
PELLE
GUADAGNARE
COLONNA
RAGAZZO
LABBRO
PIACERE

Puzzle 45

```
U Q O T N O C E N O I S I V R
S N D K S N R A O H L V G E F
C F D E X A V X L Q U P J T U
L J A I T G R X E V I R E N O
S E H T C E A I R O G E T A C
B O U V P I N C A T Y V N P A
J R D M O P O A V A C E O I M
E F Q A S M R N O B P D F C O
Z N X M T I T T R A Q E T E T
K G S J I B L O T S V R U T S
W I X R N B O I H C R E C R S
I Q M C O R P Y E H G U K A T
S O S T I T U T O Z Z A P P R
V A U V X Z Z E N Z E R O S G
```

SOSTITUTO
IMPIEGANO
ZENZERO
CONTO
VISIONE
PAZZO
CERCHIO
POSTINO
TROVARE
STOMACO

FONTE
ERUTTARE
PARTECIPANTE
CATEGORIA
PREVEDERE
CANTO
UNDICI
SODA
SABATO
POLTRONA

Puzzle 46

```
G  H  Q  B  M  G  À  O  C  N  A  T  U  R  A
K  X  E  N  X  L  T  T  E  O  D  Q  V  K  O
G  I  T  U  I  N  R  A  T  R  I  N  O  D  E
I  H  À  U  E  H  E  I  R  B  V  C  L  J  E
L  C  R  T  R  Q  B  L  I  O  I  X  S  Q  A
L  C  N  U  O  T  I  G  O  E  S  J  M  U  I
E  O  K  G  L  R  L  E  L  K  I  A  A  P  G
C  L  X  E  O  E  E  V  O  G  O  Y  O  I  E
C  B  F  Y  C  R  T  S  N  W  N  Z  G  E  I
U  A  Z  Z  I  P  R  O  T  A  E  R  U  A  L
H  P  U  T  S  T  U  D  E  N  T  I  J  P  I
G  R  S  X  Q  A  B  W  P  E  S  A  R  E  C
O  E  T  E  M  P  E  R  A  T  U  R  A  R  G
G  C  A  R  A  T  T  E  R  I  S  T  I  C  A
```

PESARE
COLORE
CETRIOLO
GUSCIO
DONI
SVEGLIATO
BLOCCHI
DIVISIONE
LIBERTÀ
CONTENTO

ETÀ
LAUREATO
CARATTERISTICA
UCCELLI
STUDENTI
CILIEGIA
NATURA
GESTIRE
TEMPERATURA
PIZZA

Puzzle 47

```
R R A G G I U N T O T I P A C
C I N E G O Z I A R E C W W S
O C P S N C E Q S B W A O K W
N I S E À X E S S W T R N E E
F M P N T A L E T O M R R R M
R A A O I E E R K H Q O A O E
O E D L V R R A J Q A T W T R
N F A I A A E E Z I S C B A I
T S N U C I T R C O V U O R D
A Z H Q F Z T C P I Y A L R I
C B Q A Y I A S A Q U I L A A
F G E C M N R M O G L I E N N
V F H K I I A W Y U A W V W A
L J D M J J C X D X M I S T K
```

INIZIARE   SPOSTARE
AMICI   CONFRONTA
CREARE   CAPITO
AQUILONE   RAGGIUNTO
MOGLIE   AQUILA
RIPETERE   CARATTERE
NEGOZIARE   NARRATORE
MOTEL   CARRO
CAVITÀ   MERIDIANA
MINACCIA   SPADA

Puzzle 48

```
G P E I C I E R O T T O D D K
U R S N N N R L S O K N L O E
A O E S X T A R O K G P U R D
R T R E P E D I B N F O A I
D E C G C R R L D U E D Y B S
A G I N O C O E I X O D Y S T
R G Z A S E C V S H M H N G R
O E I T A T I A F Z G V C H I
B R O O K T R R A P P A M I B
A E J T L A C E T M E O S A U
C O S T A N T E T S M B V C I
S T A B I L E R I N Z O L C R
S I T U A Z I O N E Y I G I E
G D D R I S T O R A N T E O K
```

GUARDAROBA
SITUAZIONE
PROTEGGERE
DISTRIBUIRE
COSTANTE
INSEGNATO
DOTTORE
ODORE
STABILE
GHIACCIO

GOMMA
RILEVARE
ESERCIZIO
INTERCETTA
DEBOLE
COSA
RICORDARE
MAPPA
SODDISFATTI
RISTORANTE

Puzzle 49

```
P A T T I N A G G I O E P A S
U G U F O T F X Q Z X J I Z E
V W X O I R A S S O L G B O D
I E R E I L G E C S O V O O U
S N R N Q O C U L L A T O T
P O H E T B A Q O U M G A T A
E I O D R Y P I W L T U R A L
Z S V A Y D B L I K K T P T L
I I X C G H ì F H Y S T M I I
O V U E D N E P I D T A O C L
N E O D J M L G F H C L C C K
A L P T K A C I R T T E L E C
R E D O L O R O S A M E N T E
E T P D Y Q Z A D E O Y L Q K
```

COMPRATO
SEDUTA
ECCITATO
PATTINAGGIO
TELEVISIONE
LILLA
DOLOROSAMENTE
BIOLOGIA
LATO
GUFO

VENERDÌ
ELETTRICA
DECADERE
SCEGLIERE
DIPENDE
ISPEZIONARE
LATTUGA
GLOSSARIO
ZOO
FILM

Puzzle 50

```
E W G Q F E R A R O L P S E W
M Z T B Q V Z O C V N P V R F
A L L E N N A C I L P O O I S
A J X O A S Q E R N O T L P O
V N I T D T L V E N N T T A C
V R S A W U B M I B V E G C I
T I P G A P O T P D O R C K M
D I Y E R I N E V Z I O X E E
V G Z I B D R H U Y P V B K D
I D V P M A I R U I G A Y O A
V E F M O A N D A R E L T B C
N J F I C A L Z I N I W D L C
P I A C E V O L M E N T E F A
J F G X O A G Z F A T A L E G
```

GIURIA
IMPIEGATO
PIACEVOLMENTE
LAVORETTO
OMBRA
IERI
ACCADEMICO
VOLT
VENIRE
CANNELLA

CAPIRE
STUPIDA
DISTANZA
LEI
ANDARE
DECENNIO
TOP
ESPLORARE
CALZINI
FATALE

Puzzle 51

```
C G U X M M P M W S H Z Q O E
O L O T I T R R Y Y O P A B C
M F E R A G E L L A H P E Z E
P R S S R M S C S I E F R D R
I E G K U C I K R R T A A A V
R S J M T L D R D D N M N E O
E I J U I F E O C N E O I D O
P A V F N Y N S K A M S G E F
Z I O O I O T S A M L O A I R
R Q E M F U E H E E A O M H R
T E N N I S F I G B U T M C W
I F A G I A N O G B T S I I I
S C R I V A N I A D T S A R E
V J H H M O Z D P T A M G E O
```

SCRIVANIA
PERDONO
IMMAGINARE
COMPIRE
LACRIMA
RICHIEDE
PRESIDENTE
ALLEGARE
MANDRIA
SOPRA

FINITURA
ATTUALMENTE
CERVO
FAMOSO
TENNIS
ZIO
FRESIA
FAGIANO
ODIO
TITOLO

Puzzle 52

```
L O C A L E U B U Y Q R Y O S
V A D B D M S Y K S N B R Y P
F I N O S S O B O L G T Y R A
O U Z B X A T D M J N U U A Z
X T Q R I M H G P E A S T M Z
G I A U Q C A Q C N L T H R O
Q U A T T R O R X V E C V E L
S M N S L C N N V N X H V H A
C R I I A A A U Z G O A O C U
U R T D Y B S I B T B K B S U
R S T P H I O C H I E D E R E
O V A R I N N A S T R O E L M
T B M F E A E D I F I C I O R
H Y I S E G R E T A R I O J U
```

SPAZZOLA
EDIFICIO
OSSO
BOXE
GLOBO
SCURO
CENTRO
MATTINA
CABINA
ACQUA

DISTURBO
QUATTRO
LOCALE
SEGRETARIO
SALTATO
SANO
NASTRO
SCHERMA
ATTENZIONE
CHIEDERE

Puzzle 53

```
E O V L C W T Y M R O U R I P
L S L E R A S O R Q T O S D R
A O T C S T M V O N A D E S O
I I J R V F N I D B T S R R B
A Z V A E I S R N F R E I C A
M E Q Q D M T R A O O G C D B
W R O N W V A A Z S P U H E I
H P A E O V T M R I S I I V L
G T C O L P A X E L A R E O M
S M E N S O L A H N R E S N E
B A G L I O R E C X T X T O N
A I V A R E H C S A M E A C T
R I S P A R M I O A G J R G E
P E R S O N A L M E N T E R Q
```

ESTREMAMENTE
TRASPORTATO
SEGUIRE
SCHERZANDO
COLPA
SEDANO
ARRIVO
PERSONALMENTE
CAMINO
ROSA

DEVONO
MENSOLA
BAGLIORE
PREZIOSO
RISPARMIO
RICHIESTA
STAND
MASCHERA
MAIALE
PROBABILMENTE

Puzzle 54

```
G R A C C O G L I E R E O C N
V E N T O R G I P Z H N Y O O
O R I W I L X M Z F O Z D N M
C A S C C D E W F C F I D T I
C P P X C W O T S O I E C R N
H P I O A S Y I T B C R A A A
I U R D R P R B O E F U V S R
A L A I B E R N T I R N A T E
L I R N F R V A T R Z A L O R
I V E E W A W T I W B I L P E
H S R C Y R W T F C I P O G D
J P D E R A U A F Q S L R Q R
T F Y V J P V S A Z R P T Q E
A N F M G S B E A R U T T I P
```

NOMINARE
PERDERE
SPARARE
AFFITTO
PITTURA
LETTERA
VENTO
ESATTA
BIT
BRACCIO

PIGRO
ISPIRARE
PREFERISCONO
CONTRASTO
SCIARPA
PIANURE
CAVALLO
SVILUPPARE
RACCOGLIERE
OCCHIALI

Puzzle 55

```
D E N O M I N A T O R E E C F
P E G G I O R F L R O U B G U
U W B F L A I Y Z V M H H R R
P E S P E R T O Ù J X N E V G
B R E D N U W Z I B K C A M O
E L I T R O C A K U I C Z L N
R V N V J S I A M N F R N N E
E M Z X A E X F Z U L N A R F
N C X I A T S I L W I E D C E
E T H Y V M O P Y S P T N P R
T A Z A D N A M O D P T O O M
N B W A E O I O E T E A B N A
A T I R E H G R A M R R B T R
M I N V O L U C R O A E A E E
```

MAIS
DENOMINATORE
ESPERTO
INVOLUCRO
TESO
FERMARE
LISTA
RECINZIONE
PONTE
FURGONE

ABBONDANZA
PEGGIOR
CORTILE
NETTARE
MANTENERE
DOMANDA
CARIBÙ
PRIVATO
MARGHERITA
FLIPPER

Puzzle 56

```
S E T T I M A T R O P P U S U
A L D N O E I L G I M A F O O
C I P O L L A L U U Z A Q U V
I V B R M Y U H F N F D E G O
N I T R M X N G Z F A V V D H
C C E O X E L Q O X D P F F L
E K S P I U W N H N P J M R X
T K T P H E D B R E V E N A F
G E A O T A I P P O C S I A C
R I C E R C A T O W N S S I T
H M B E M A R I T O M E C P I
K T E R R I B I L E I P I P U
A F F E T T O O C H U T A O V
M Q P A R Q E Y C T S P O C Z
```

CIVILE   CAMPANULA
CIPOLLA   PORRO
TERRIBILE   AFFETTO
MARITO   SETTIMA
CHIESA   FAMIGLIE
COPPIA   CIAO
TESTA   UOVO
SCOPPIATO   RICERCATO
TECNICA   SUPPORTA
BREVE   AFFONDARE

Puzzle 57

```
D G N B A R U T I R O I F Q I
M R P O R Q M I C E A S A C M
H U F L E R I U G E S R E P G
I P I L N E D R E V X I X Y O
I P N I O R I I S O L A I M I
N O H R I O T C S S D W I Z G
T X O E Z P À O H S Z S U F G
E A N J R A G L U I E P T P A
R L G Z O V C J T T P M I L S
N Y A V P V G A N A L E T K Z
O V R O C H K A F U T S X Q Y
I D E H C H C G W Z X O D T L
Y K Y O T N E M I T S E V N I
O F J A I B B A G S X C S M U
```

STUFA
ZUPPA
RAGNO
BOLLIRE
GRUPPO
CORVO
PORZIONE
SAGGIO
VERDE
PERSEGUIRE

FIORITURA
LANA
INVESTIMENTO
CHIP
VAPORE
ISOLA
GABBIA
INCANTESIMO
INTERNO
UMIDITÀ

Puzzle 58

```
A P E R T O Y Q C K C F L F A
H A M B U R G E R A G E I I U
V A I R E D N A V A L M V N T
A T T E S A O A P U F M E A O
H D B Y O L L T R R U I L L R
P U B B L I C O I P B N L M I
D E V E E M F Y M R J A O E Z
G L L R I B H G O E U G U N Z
A S E C S I D O M V Z A X T A
N O B I L E G D E E A Y P E R
I L K T O A U Z N N K L I M E
S Q Q M L T C F T I C K Q Z I
R I F O R M A G O R E W Z V M
O N E N O I Z A R E P O Y A I
```

IMPAURITO
AUTORIZZARE
PUBBLICO
LIVELLO
LAVANDERIA
CAVALIERE
ATTESA
OPERAZIONE
PREVENIRE
DISCESA

RIFORMA
LAGO
NOBILE
APERTO
HAMBURGER
FINALMENTE
PECK
MOMENTO
FEMMINA
DEVE

Puzzle 59

```
L  R  E  S  P  O  N  S  A  B  I  L  I  T  À
W  U  C  E  N  A  Q  P  U  H  T  O  E  Z  D
X  X  N  S  C  R  I  T  T  O  R  E  P  C  Q
N  E  E  E  L  I  B  I  T  S  E  M  M  O  C
O  R  G  Ì  D  E  L  O  C  R  E  M  C  S  A
E  I  E  X  Z  Ì  V  N  D  U  G  E  A  I  G
C  U  L  T  U  R  A  E  K  T  A  K  N  V  G
I  B  L  A  R  T  M  R  V  L  H  W  A  V  R
E  I  O  P  V  O  O  T  R  X  V  T  R  O  E
G  R  C  U  S  F  B  U  W  E  B  Q  I  R  S
V  T  O  T  A  V  O  R  T  E  U  M  N  P  S
T  N  R  L  A  N  C  I  O  V  J  G  O  M  I
Q  O  M  I  C  E  D  M  I  N  U  T  O  I  V
X  C  I  N  C  O  N  T  R  A  T  O  A  N  O
```

TRENO	CENA
LUNEDÌ	SCRITTORE
CULTURA	AGGRESSIVO
MINUTO	MERCOLEDÌ
COMMESTIBILE	IMPROVVISO
RESPONSABILITÀ	MOSTRO
GUERRA	CONTRIBUIRE
COLLEGE	CANARINO
TROVATO	DECIMO
LANCIO	INCONTRATO

Puzzle 60

```
G S T C S P A Z I O X C G P U
E V E O R T D K L D R B R S Y
L I R N W W O S O B E E X R D
O L R T E R E G L O V N I O C
K U O R H S G G A I L L T J E
I P R O Q R R Y S H M A M E L
S P E I U Q D T F Q B E D N E
I O Y K G M O A I G R E N E M
L B A M B O L A D J R P U R E
A S S U M E R E A T S U I G N
N B Z B K A B B A S S A R E T
A N R R I A V V O L G E R E A
D Y Z E P E S A N T E I K B R
G Y O B R M E C C A N I C O E
```

ELEMENTARE
GIUSTA
BAMBOLA
CONTRO
ASSUMERE
SPAZIO
GELO
PESANTE
MECCANICO
COINVOLGERE

PREVISTO
SFIDA
ABBASSARE
ERBA
ENERGIA
DENTE
SVILUPPO
TERRORE
ANALISI
RIAVVOLGERE

Puzzle 61

```
C O G P X O Q L Y O Y P M C Y
F I O A N I C U C R H R A O O
K A L S T A G N O G A U G N V
O E L E D E F T O A W D N G I
R R A S T R S W X N Y E I E T
E A I R O M U F E I L N F L A
T L G J M U F M L Z H T I A R
T O D N A D N A A Z P E C R E
O G J T Z T T K I A E G O E P
C E R A L E V I R Z R I I Z O
I R J D K T V G E I D D Q T Z
L R J N V D G E T O O Q T O E
E I F D R T M R A N N O Z N L
I N V E R S O H M E A A D Q K
```

RELAX
PRUDENTE
CONGELARE
IRREGOLARE
FALSO
FEDELE
FUMO
PERDONA
GIALLO
OTTO

RIVELARE
MAGNIFICO
STAGNO
ELICOTTERO
MATERIALE
INVERSO
CUCINA
OPERATIVO
ANDANDO
ORGANIZZAZIONE

Puzzle 62

```
L A N U G I N O S O D L O T M
A G G I U N G I T P I I T O G
P A P P A G A L L O M W T R T
F Y B I S R I R E F I R E K F
W V V R J Z E R E D N E P P A
F Y T U O M I N I M U N S H T
F T E W O C L N B A Z O I F R
B Z M H R U C F M F I I R C E
C P A W M C E O I B O C Y A P
Z A Q A C G L W L K N N K R O
I L C R I G I D A I E A T O C
X A M C Z E T O W L A R S V S
R S N D I Y U C N E R A V A L
R J Q T C A M I N U S C O L O
```

SCOPERTA
PAPPAGALLO
UTILE
MINUSCOLO
AGGIUNGI
ARANCIONE
RISPETTO
TEMA
RIGIDA
DIMINUZIONE

BROCCOLI
APPENDERE
LANUGINOSO
CARO
CACCIA
LUMACA
RIFERIRSI
SALA
MINIMO
LAVARE

Puzzle 63

```
O C N O E A N O P M A W E Q Z
T N Y M R C E C T E R E D A C
U E A L A C Z I A T M D B D N
I V C X C E I T L T E G D X Z
C E F W I S V R L E L D I U Z
S U K V L S H A H R O W R C O
E L R T P O T J U E Y B E E N
R A U V P O R B I T A P T L V
C R E R A T R O P M I E S D T
S U F F I C I E N T E T I H O
R E S I D E N T I R T B M R T
Q P R E O C C U P A T O U S A
P R O D U Z I O N E P M Q Z T
T R I S T E T E M P E S T A S
```

CURVA
CADERE
SUFFICIENTE
RESIDENTI
PREOCCUPATO
PRODUZIONE
ORBITA
ACCESSO
TEMPESTA
MURO

CRESCIUTO
ARTICO
NEVE
APPLICARE
METTERE
STATO
TRISTE
MISTERI
IMPORTARE
VERDETTO

Puzzle 64

```
I  E  S  I  S  T  E  C  M  I  O  H  E  Y  E
L  L  S  E  R  O  T  I  D  N  E  V  A  W  R
A  R  G  E  N  T  O  L  J  S  B  Q  A  C  O
R  C  E  R  A  L  L  O  R  T  N  O  C  L  I
T  A  O  R  E  M  U  N  T  A  R  D  O  E  F
E  R  T  U  U  V  T  F  K  B  G  U  T  L  L
M  I  Y  D  S  I  E  N  N  I  R  E  N  E  O
I  C  H  O  A  A  Q  N  T  L  V  R  E  T  V
R  A  G  R  U  N  H  Y  T  E  E  I  L  T  A
E  P  E  P  J  M  A  S  I  O  R  N  A  O  C
P  N  E  G  A  T  I  V  O  U  S  G  T  R  W
A  B  B  A  S  T  A  N  Z  A  A  H  K  A  D
P  A  E  G  X  D  A  G  F  C  R  I  E  L  M
A  P  P  U  N  T  I  T  A  R  E  O  E  E  J
```

ELETTORALE   CONTROLLARE
PERIMETRALI   INSTABILE
ARGENTO   MIO
NUMERO   CARICA
NEGATIVO   VENDITORE
EVENTO   ESISTE
RUOLO   PRODURRE
ABBASTANZA   TALENTO
CAVOLFIORE   VERSARE
APPUNTITA   RINGHIO

Puzzle 65

```
Y  I  P  C  V  V  U  F  P  L  I  B  R  O  E
D  N  R  X  O  I  H  C  U  B  X  B  T  L  I
N  O  O  H  E  S  A  G  L  J  E  J  A  T  L
Q  I  V  K  T  I  F  P  I  S  R  T  N  D  D
P  Z  A  B  N  T  F  C  R  G  O  A  S  I  O
G  A  O  D  E  A  A  A  E  T  T  I  R  M  M
I  T  N  C  M  W  R  T  X  R  A  N  E  E  E
N  S  G  T  L  Q  E  I  O  O  R  V  S  N  N
O  E  A  W  A  O  F  P  N  I  O  A  P  T  I
C  R  B  S  I  L  M  Q  N  E  V  D  I  I  C
C  P  D  X  C  I  O  Y  A  G  A  E  R  C  A
H  A  A  U  E  E  W  N  H  M  L  R  A  A  Y
I  M  K  G  P  B  T  N  I  N  A  E  R  T  W
O  M  E  O  S  S  A  B     D  D  D  E  O  F
```

DOMENICA
DIMENTICATO
PANTALONI
LIBRO
LAVORATORE
TOTALE
HANNO
SPECIALMENTE
BASSO
CHI

VISITA
IMPORTANTI
BAGNO
PRESTAZIONI
INVADERE
PROVA
GINOCCHIO
AFFARE
PULIRE
RESPIRARE

Puzzle 66

```
O T T O I H C C A S R O Q M S
M E V Q B I L O V E P L O C M
Q L T U T T O N R H R R I I W
N E P C O E M A B R C R O G D
A F I I T R A T I M I B C E A
M O U A N O O T S I T D R C T
O N T S E T N E I B M A O P I
R O T C M T O C U W L R U I B
E Z O U A E J C F O E T Z S O
F R S N T R Q A Z K R U T Q Y
T Z T O T I M N C Y P R O Y H
O J O L A D E Q Y C E H H J A
S W V N R P S B A G L I A T O
H W E G T B X Z A I L G O F X
```

ACCETTANO
AMORE
FOGLIA
DIRETTORE
TRATTAMENTO
PIUTTOSTO
LEPRE
TUTTO
CIASCUNO
STREGA

ORSACCHIOTTO
CORRIDOIO
TRA
TELEFONO
COLPEVOLI
IMITA
PENZOLARE
SBAGLIATO
AMBIENTE
DATI

Puzzle 67

```
P I N T E R R O T T O C Q Q Q
M U R U O T A E A O B E Z B Z
A V P H E L J N D N S S V C L
G I S I W G A O N R E T S E V
G R T P L N O I R E D I S E D
I T R M A L A Z S V S I B A H
O U A B I P A A P N E N A P B
R A N X M A O N E I R G G F I
A L O A O T B I S Q R L N N C
N E T P N L L B A I A E A W I
Z S L J O O A M Y D T S T Q X
A S A R C G R O X X U E O G B
E P U O E L A C S B R A K C K
O T T E N U T O K T A P D G J
```

SPESA
INGLESE
SCALE
BICI
DESIDERIO
SERRATURA
OTTENUTO
ESTERNO
INTERROTTO
RUOTA

BAGNATO
PUPILLA
STAMPA
STRANO
ECONOMIA
VIRTUALE
INVERNO
BANANA
MAGGIORANZA
COMBINAZIONE

Puzzle 68

```
P E N N E L L O W V G L O O R
U F E N O I Z A T N E M I L A
A R Y E N S S P K P C R Z R R
T Q L N I E E K X K P L S T I
O P C O R T T O L C L S O O P
M K L C A J T N A R E O C U A
I U S L C L E I L A R L I G R
C L Q A Y F F C T L R I T R A
O W G B J L Y N R E U S I A Z
C O M M E N T O I G G T L D I
C A R A M E L L A A I A O U O
N L S Q O M A L E T A C P A N
F S K D A E C A H O D N T L E
U S D Z A F T P Z E A K X E I
```

COMMENTO
CARAMELLA
ALIMENTAZIONE
ATOMICO
SETTE
TESI
LEGATO
RUGIADA
RIPARAZIONE
GRADUALE

SOLISTA
VERSO
POLITICO
CLOU
PENNELLO
BALCONE
CARINO
ALTRI
URLO
PALLONCINO

Puzzle 69

```
I  P  E  N  D  E  N  Z  A  A  P  E  P  P  R
U  N  Z  A  Q  M  G  W  I  M  O  S  I  U  A
C  C  D  S  M  G  L  M  T  O  P  A  C  B  C
L  Z  Y  I  K  B  M  A  Z  U  O  M  C  B  C
I  H  S  E  C  U  I  T  S  S  L  I  O  L  O
M  I  A  Q  M  A  H  E  K  E  A  N  L  I  M
A  P  L  K  U  Y  Z  Y  N  A  R  A  A  C  A
P  I  L  O  T  A  A  I  E  T  E  R  A  A  N
R  I  U  S  C  I  T  O  O  A  A  E  A  Z  D
P  O  V  E  R  T  À  N  L  N  K  L  E  I  A
S  P  A  R  I  R  E  I  L  O  I  S  E  O  R
R  I  T  R  A  T  T  O  E  M  O  W  U  N  E
R  I  C  E  R  C  A  K  B  I  C  K  Q  E  F
V  A  R  I  A  B  I  L  E  L  R  F  J  F  P
```

RITRATTO	RIUSCITO
ESAMINARE	RICERCA
MOUSE	AMBIENTALE
RACCOMANDARE	POVERTÀ
SPARIRE	CLIMA
PUBBLICAZIONE	PENDENZA
PICCOLA	MUMMIA
LIMONATA	PILOTA
VARIABILE	INDICAZIONI
BELLO	POPOLARE

Puzzle 70

```
A  R  E  D  I  S  N  O  C  X  Z  P  E  G  I
U  M  L  R  S  C  U  M  S  Y  U  W  R  J  N
Y  S  A  M  U  I  O  I  C  K  U  F  A  E  G
D  O  N  T  E  B  V  S  P  T  O  E  N  M  A
E  G  I  R  E  T  O  S  Z  M  F  O  I  E  N
N  N  F  L  U  P  O  O  A  A  I  N  M  I  N
O  S  S  E  R  G  O  R  P  Z  S  I  M  S  O
T  W  U  U  A  B  I  P  U  O  O  U  A  N  T
S  N  H  L  Z  X  U  R  S  O  C  C  C  I  E
A  V  H  N  Z  C  T  S  T  T  I  C  T  L  A
B  A  N  C  A  S  A  O  R  L  E  A  A  I  T
P  C  I  E  I  P  U  U  O  A  T  T  E  E  R
F  T  Z  D  P  V  P  V  C  J  À  Y  L  J  O
C  O  N  C  E  N  T  R  A  T  O  N  L  Q  U
```

DISTRUZIONE   PIAZZA
PASSO   CONCENTRATO
CONSIDERA   TACCUINO
INSIEME   VUOTO
PROGRESSO   ALTO
BASTONE   BANCA
SOCIETÀ   FINALE
CAMMINARE   LUPO
TEATRO   INGANNO
PROSSIMO   NUOVO

Puzzle 71

```
C S A D H G A R E J D B S V W
R I V G A U H I N R Z A A V D
I G G I O C A T O R E V Z I E
T I A G F V I N Z I O U N B L
I L S N B T B A N Q T C E A E
C L T T N J J V A V I V L M F
A O D A A M L A C D P I O B A
M A U D Z N S T E S M E I I N
T G E K N G C N H O O T V N T
E A J V A J T O L M C A B I I
S T R A T E G I A M W R H G A
U V A I S O R T G A B E W R Y
H O B B Y I M P A R A R E E E
S O L E G G I A T O Z W C K C
```

AVANTI
BAMBINI
CANZONE
GUANTI
STRATEGIA
SIGILLO
GIOCATORE
VIOLENZA
COMPITO
CRITICA

STANZA
HOBBY
IMPARARE
SOLEGGIATO
STANCO
SOMMA
ELEFANTI
VIETARE
CALMA
INCIDENTE

Puzzle 72

```
P O T I U T A R G Q T R A F A
R W C E A V L S I C C I T À E
I I U N W I B M J P C B H F F
M I J O T Y A N A T U R A L E
A N D I Z Z A G A R P F Z C Z
V F G N W I N S P E C C H I O
E P I I T A N G U P S X Y X F
R H Y P S A C Q U I S T A R E
A U Q O N E N I D N A R G S D
I F D H D K D C A R C E R E K
O I E N O I Z A R E N E G R M
C S A L U L L E B I L M U V B
J R O Z S Z X A W C O M U N E
G F O N D A M E N T A L E E C
```

GENERAZIONE
LIBELLULA
FONDAMENTALE
SICCITÀ
OPINIONE
DESIGN
NASO
NATURALE
SPUGNA
GRANDINE

SPECCHIO
PRIMAVERA
ALBA
SUO
GRANDE
CARCERE
RAGAZZI
COMUNE
ACQUISTARE
GRATUITO

Puzzle 73

```
O  S  B  N  E  R  E  D  N  E  T  S  E  P  K
D  I  V  E  R  T  E  N  T  E  U  M  P  O  Y
B  T  K  C  P  X  G  I  G  P  O  W  F  S  Z
G  R  E  M  B  I  U  L  E  C  X  H  O  T  F
B  U  S  A  P  E  R  E  R  B  V  B  E  A  O
I  I  N  T  E  R  E  S  S  A  N  T  E  C  G
C  O  C  C  O  D  R  I  L  L  O  Q  N  A  L
I  M  H  H  D  X  A  I  C  S  A  L  O  P  I
B  C  W  L  N  R  T  S  T  L  H  A  T  I  O
R  C  Q  T  A  G  T  R  K  O  I  N  O  T  N
O  E  R  A  U  C  A  V  E  O  Q  P  K  A  X
F  R  K  M  Q  D  R  L  Q  D  N  D  A  L  O
M  E  D  I  A  T  T  P  H  P  J  G  K  E  D
P  O  M  E  R  I  G  G  I  O  E  M  S  X  F
```

COCCODRILLO
FOGLIO
GREMBIULE
SAPERE
MEDIA
POSTA
STRADA
ESTENDERE
INTERESSANTE
CAPITALE

POMERIGGIO
CLIP
COME
LASCIA
NOTO
DIVERTENTE
EVACUARE
QUANDO
TRATTARE
FORBICI

Puzzle 74

```
B  C  K  K  G  O  W  A  L  E  D  N  A  C  H
A  T  K  E  L  I  T  U  N  I  G  R  A  N  O
L  O  I  O  E  N  O  I  Z  A  V  I  T  O  M
E  W  K  P  A  O  A  E  T  R  A  P  C  O  S
N  M  H  R  S  T  R  D  E  T  T  O  R  R  E
A  P  A  Z  Q  A  M  I  K  R  P  O  E  D  M
P  U  O  U  R  V  I  T  T  I  M  E  D  I  E
Q  X  E  O  S  O  N  O  E  X  S  M  E  N  S
N  X  N  M  K  D  B  N  G  L  I  B  R  A  T
L  G  O  I  S  Y  O  L  O  G  N  A  E  M  R
I  N  W  R  W  T  T  M  K  T  U  G  L  E  A
Q  D  V  P  O  S  T  A  Z  I  O  N  E  N  L
Y  T  T  C  L  O  T  T  O  Y  F  R  W  T  E
C  O  M  P  O  R  T  A  M  E  N  T  O  O  N
```

ANGOLO	ORDINAMENTO
INUTILE	CREDERE
PARTE	PRIMO
LOTTO	GRANO
CANDELA	BALENA
VITTIME	DETTO
IGNORARE	COTONE
SEMESTRALE	SONO
COMPORTAMENTO	MOTIVAZIONE
QUARANTA	STAZIONE

Puzzle 75

```
D C V D J P A R I Q A C C O B
G H T R U C C O L S R T E E C
P I K O T N E M U A D I T R O
I A D T F S K A M E E U N A R
N R H N B S C O I Z O G E N R
D A O E I U K N H H Q J M O E
O M A M R U P O D D A Z A I T
S E F I U B Q V X V R J T Z T
S N L V M L L R I B R M E E O
A T X O O U T E U X I A L L S
T E J M R Y N S C R V B P E S
O O S R E V I D G H A A M S A
P E R I C O L O S O R J O Q R
I N S E G N A R E B E Q C E G
```

QUINDI   CHIARAMENTE
DIVERSO   SERVONO
ARRIVARE   RUMORE
INSEGNARE   NEGOZIO
MOVIMENTO   GRASSO
CORRETTO   INDOSSATO
PERICOLOSO   AUMENTO
TRUCCO   COMPLETAMENTE
SELEZIONARE   BOCCA
DUE   CAUSA

Puzzle 76

```
U  S  T  A  G  I  O  N  E  O  X  J  C  R  I
T  M  E  Y  O  Q  Q  J  D  R  V  V  S  E  X
I  O  I  Y  Q  M  V  N  P  O  F  S  C  C  D
L  R  E  L  I  B  A  R  E  S  I  M  F  E  R
M  B  B  I  A  V  E  Z  A  L  L  A  G  N  I
E  I  Z  C  R  S  M  Z  Z  C  X  S  C  T  N
N  D  C  E  O  W  S  Q  N  Q  Q  E  X  E  V
T  O  S  I  R  Q  K  E  E  E  L  F  O  M  I
E  S  C  D  R  G  I  S  G  D  P  V  T  E  A
O  M  B  J  E  R  S  R  R  N  Z  E  N  N  R
O  T  T  A  F  Y  W  O  E  R  A  E  I  T  E
C  A  N  C  E  L  L  O  M  K  P  R  V  E  Y
L  O  N  T  R  A  D  Q  E  V  M  H  E  A  W
R  V  A  C  A  N  Z  A  H  O  C  K  E  Y  R
```

FERRO	CANCELLO
UTILMENTE	ELFO
GALLA	MORBIDO
VACANZA	RECENTEMENTE
FATTO	MISERABILE
VINTO	PRESO
OSSERVANDO	EMERGENZA
HOCKEY	STAGIONE
ASSEGNARE	RINVIARE
DIECI	LONTRA

Puzzle 77

```
D X L A L L A P S V P T L A R
I O Z Z A R C K I G B Q L U Q
E T N E M A D I P A R O T G R
I N P O P V N Z N J G I O W I
L E A S A G C B G A B T L S F
G M R Z D A P I R S T E L A L
I I A C A V F F L E Y N E L E
T V G O S E P S G Y Y A S S T
T A R N R R G G Q V J I I I T
O P A I S E O I K Y U P P C E
B T F F E S T Q B Q X X M C R
S A O E R A D N A M I R E E E
O H W I I A R T I S T A R T Y
O R G O G L I O S O S L H I P
```

SPESO
PAVIMENTO
AVERE
RIFLETTERE
PISELLO
SOGGETTO
RAZZO
LAMPADA
INTERO
RAPIDAMENTE

SPALLA
BOTTIGLIE
FRAGOLA
PARAGRAFO
SALSICCE
ORGOGLIOSO
ARTISTA
PIANETI
FINO
RIMANDARE

Puzzle 78

```
E  T  N  E  M  L  O  V  E  R  O  N  O  N  N
M  F  Y  N  E  X  Z  L  U  I  T  S  E  V  O
C  O  F  E  G  G  E  L  R  A  A  Z  O  T  T
U  N  T  B  V  W  T  P  V  X  T  K  J  L  I
L  G  U  O  S  R  O  D  E  K  I  T  J  D  Z
T  A  E  E  C  R  P  M  R  N  M  D  O  Z  I
U  P  R  X  P  I  V  R  B  Z  O  E  B  R  E
R  M  W  N  V  J  C  O  O  H  C  V  P  H  G
A  O  E  K  O  N  I  L  O  Z  Z  A  P  S  P
L  C  Q  O  C  X  B  L  E  C  I  L  A  S  E
E  R  A  N  I  F  N  O  C  T  C  T  Z  H  N
A  V  V  E  R  S  A  R  I  O  T  Y  Q  G  H
D  I  P  L  O  M  A  O  R  E  Q  A  Y  D  W
P  I  P  I  S  T  R  E  L  L  O  P  V  N  V
```

PIPISTRELLO
MOTOCICLETTA
BENE
SALICE
CULTURALE
DORSO
OVEST
GROTTA
LEGGE
DIPLOMA

VERBO
CONFINARE
AVVERSARIO
ORE
SPAZZOLINO
ONOREVOLMENTE
PROPRIO
NOTIZIE
COMPAGNO
COMITATO

Puzzle 79

```
A  E  N  N  A  P  P  T  I  N  L  A  Z  S  D
D  R  W  O  O  A  G  E  R  A  I  B  M  A  C
M  E  G  N  D  R  I  Z  R  I  U  M  K  F  B
T  N  Q  O  À  T  T  I  C  S  W  J  N  F  P
E  E  T  T  M  S  U  K  O  O  O  Y  H  D  A
S  T  J  A  R  E  N  K  C  C  I  N  Q  D  L
O  N  Q  M  C  N  N  L  G  C  G  U  A  X  L
R  O  Z  A  S  I  A  T  A  E  O  H  C  L  A
O  C  X  I  O  F  F  G  O  S  L  M  I  A  E
Q  K  R  H  S  Q  B  M  T  Z  O  I  S  S  H
E  R  E  C  N  I  V  N  O  C  R  Q  U  Z  I
C  O  S  T  R  U  T  T  O  T  O  X  M  J  F
S  P  O  S  A  T  O  E  T  E  R  Z  O  J  D
E  S  E  C  U  T  I  V  O  L  D  R  E  J  G
```

PALLA	NERA
FALCO	PERSONALE
MUSICA	CITTÀ
ARGOMENTO	ESECUTIVO
CONTENERE	TESORO
FINESTRA	NON
TERZO	CAMBIARE
CHIAMATO	SPOSATO
COSTRUTTO	OROLOGIO
CONVINCERE	SECCO

Puzzle 80

```
M O F A U L A R O S O P I R F
C U V I Z T U O T G F B O K V
A I C O N W O T T O R K A V E
S N M C P A I T O D I M I T X
U D E G A E N O I Z U C E S E
A A N U K R G Z Z V I T E A R
L G T I G A J G I P U J E C I
E I A D A S G E L A U T T A L
C N L A W O J S O H R P P S I
B E E R S P R X P E J I O S B
S U W E F S Q I S Y W X O E A
O N T Z V U Z T C O R P O T T
Q L K V H M O V A H N P A T S
P O R T A P E N N E G F T O I
```

CASUALE	RIPOSO
RESTO	GUIDARE
TIMIDO	ESECUZIONE
VITE	STABILIRE
ATTUALE	ROTTO
CORPO	MUCCA
FINANZIARIO	MENTALE
CASSETTO	INDAGINE
PORTAPENNE	AULA
POLIZIOTTO	SPOSARE

Puzzle 81

```
E T N O S I B A D J P I J O A
T R F A O A E B O W A M S C N
U F F I C I O B N L Q S T U E
L E C V F E D R N P U X A M M
A O Z Z O D N A O L A T A A O
S F V J R Y A C L A O N X O N
E N D A Z T D C A N Z Y E A E
L U N A E I R I U A W G S Z Z
A Y T L Q M A A S R B A C I O
R V W O F P U T S T V V R F X
E O Z U Y A G O B S R O E W C
N Q T C L T L U N G H E Z Z A
E C W S E T T O P O R A G N O
G C Q H H O T U N E V N E B Z
```

UFFICIO
LUNGHEZZA
PANE
GENERALE
FORZE
STRANA
SCUOLA
TOPORAGNO
BACIO
ABBRACCIATO

NOTA
DONNOLA
ANEMONE
BENVENUTO
BISONTE
LUSSO
IMPATTO
LUNA
SALUTE
GUARDANDO

Puzzle 82

```
G L L K E V E N A C U B U E C
A C F V N A L O Y A N C N R O
M M O I O N A X R N N O O A L
B D V E I Z T C H G I Y C R P
E N O G Z I S A G Z F A S E O
P O D X I A N T A D L U E P K
R N N V D N U P U T B E T O R
O N K L N O U X F D L Y N O T
C A Z V O C R O A E I N A C K
E N O I C S E R C X E M G W O
S Z I O P O S S I B I L I T À
S A E I S C R I V I T I G U O
O R T E R M O M E T R O T S Z
P P R E S S I O N E M D Y L J
```

STUDI
CONDIZIONE
PREOCCUPAZIONE
DOVE
COLPO
TALE
GAMBE
ANZIANO
NONNA
ISCRIVITI

CRESCIONE
GIGANTESCO
TERMOMETRO
POSSIBILITÀ
PROCESSO
COOPERARE
GAS
FASE
BUCANEVE
PRESSIONE

Puzzle 83

```
N I E N T E O T S U G U E D W
D T X H V L R N C H G Z C I P
L N T D O R O A Z E L B I R E
C E O V P Z V C X O C O L E R
K D I M A G A J M W F T P Z A
E C C M C X L C B A R E M I T
S C C W M I L P R M Z C E O S
O A I S I R C I T Z C D S N U
S T R U M E N T O S S O F E I
C A G E R A T T O D A S X B G
T R A S F E R I M E N T O Z G
S U S Z R V A Q D P Z R A P A
Z D E C X B I R R A D U Z G M
T M Y Q M W S D F J Q B G K X
```

PEZZO
FARINA
DURATA
TRASFERIMENTO
LAVORO
ADOTTARE
AGGIUSTARE
STRUMENTO
SCIVOLO
RAPA

RICCIO
GUSTO
BIRRA
CAPO
CRISI
NIENTE
FOSSO
DENTI
SEMPLICE
DIREZIONE

Puzzle 84

```
P A R T E C I P A R E J G E V
J A O H M E U Q V U W X Z R E
L U C I D A Q O Z N A R P A R
O B D D G H G W T R T Q S N S
F Z Y G E L A R T N E C I O I
K E C S I R A I H C H K A L O
W O L O T A D L O S N L N O N
C R N L A M P O N E M T D M E
H O L L O P C C J U H K A E C
F U S N L S E B B E N E T Z M
M S G T C C I R C A X P O Z G
F W J A O M M P P U Z Q P E S
O U L R E C E N S I O N E R D
M A Z N E S Q U E S T I P P Q
```

LUCIDA
CENTRALE
SCALA
SENZA
COSTO
LAMPONE
PARTECIPARE
VOGLIONO
SEBBENE
POLLO

PREZZEMOLO
CIRCA
CHIARISCE
ERANO
ANDATO
QUESTI
PRANZO
SOLDATO
RECENSIONE
VERSIONE

Puzzle 85

```
K U N A P H Y A P W R O M L I
P O N A M U W O E L Y S A U D
C T O C A M P A G N A S D C E
Z I T I T O T G O O E E E N
H S T T I X N T Y T R R N R T
L E I C T I G L N T A V T T I
L R L B R M I E T A I A R O T
Q A F K R A R J T V L R O L À
C R N T I A X U N E I E L A G
G G O F P P V M N P M B N W X
F I C S S G Q C S A A K G N Q
O M A Q U E S T O S F C I P O
X R I N D I P E N D E N Z A A
T P R E P A R A R E R O N I M
```

CAMPAGNA
DENTRO
ESITO
PREPARARE
MINORE
INDIPENDENZA
TRASPARENTE
CONFLITTO
SAPEVA
CON

IDENTITÀ
OSSERVARE
PAN
LUCERTOLA
FAMILIARE
UMANO
QUESTO
ATTO
CALCIO
MIGRARE

Puzzle 86

```
N O C C O I C S N I C Q W P V
U L P O T S O P P O E U E G G
O L C T N P T Y A A S O C Y G
T E E T M F U M D D T Z C O P
O H R A A M E B U N I I E P A
X G A G E Z N S D E N E Z O R
T I I P S H O S S T O N I L T
Z R Z E T R I D O I T T O I I
K G A T R M Z C F L O E N T C
L Q R M O A E O J K O N E I O
Q G G H O X L C G S N Q E C L
G Y N S F N Q U A L I T À A A
O E I G I W T E F F E T T O R
K P R D J E M O F O W B I W E
```

QUOZIENTE
LEZIONE
RIGHELLO
EFFETTO
CONFESSIONE
TENDA
OPPOSTO
GATTO
CESTINO
PARTICOLARE

POLITICA
SCIOCCO
TRAMONTO
RINGRAZIARE
MAESTRO
NUBE
QUALITÀ
ECCEZIONE
SOLO
NUOTO

Puzzle 87

```
A  S  S  E  M  B  L  A  G  G  I  O  P  I  T
F  E  B  B  R  E  N  O  I  G  E  R  E  O  P
Q  N  E  R  A  S  S  O  D  N  I  U  D  P  I
C  O  B  P  Z  R  C  O  T  T  A  T  N  O  C
C  I  O  C  C  O  L  A  T  O  O  U  A  K  B
F  S  L  Q  S  F  E  D  R  E  B  F  I  R  U
L  S  A  O  G  O  B  P  B  E  C  T  H  Z  S
H  I  V  D  N  C  O  A  E  B  L  O  G  L  S
S  M  K  I  V  M  R  N  S  L  U  L  M  V  A
A  D  D  I  O  A  X  A  Z  P  Y  R  O  R  R
O  N  I  H  C  C  A  T  K  B  G  M  W  T  E
J  U  F  S  T  E  L  E  F  O  N  A  T  E  M
D  I  C  H  I  A  R  A  Z  I  O  N  E  L  H
R  G  O  P  S  I  G  C  F  U  B  J  E  I  H
```

MISSIONE
FEBBRE
FUTURO
GHIANDE
TACCHINO
ASSEMBLAGGIO
TIPO
CIOCCOLATO
CONTATTO
DICHIARAZIONE

FORSE
GIOCOSO
POI
TELEFONATE
INDOSSARE
ADDIO
TOLLERA
BUSSARE
REGIONE
SCARABEO

Puzzle 88

```
C E A F E D M V W V P G O G C
J L V O R G E L L A V G H H V
M A E I A A V N Z V A G A P A
S N V T S A N U T R O F O Q R
M O A V S D K F D I E T M V I
A I L L E P A C J G S O N V O
R Z U I C B U G I E W T Z V G
T A X Q T C C C G V Q R A J R
E N L U R A E M E R G E R E A
L R M O D I F I C A W S S N V
L E X S N O R R M P L N N O I
O T U H Z P U L S L B I Z M T
B N P O P O L A Z I O N E I À
E I C O M U N I C A R E Q L L
```

POPOLAZIONE   VARIO
EMERGERE   COMUNICARE
AVEVA   BUGIE
DENTISTA   MODIFICA
MARTELLO   INSERTO
FORTUNA   INTERNAZIONALE
GRAVITÀ   ALLEGRO
PAGA   CAPELLI
DRAGO   SOLITA
CESSARE   LIMONE

Puzzle 89

```
E  S  A  T  T  A  M  E  N  T  E  D  O  L  O
F  E  G  Q  I  S  O  P  B  I  I  V  B  W  C
A  I  R  A  A  V  A  R  B  M  E  S  K  O  K
V  S  D  X  J  E  R  L  E  C  I  L  L  O  P
V  E  N  U  Y  N  V  N  F  Z  P  J  L  R  D
O  D  R  Q  C  O  T  E  A  T  R  O  P  V  T
C  U  N  M  K  I  I  R  M  R  P  E  C  S  R
A  T  G  I  C  V  A  E  I  C  E  P  S  H  V
T  O  D  A  S  U  E  C  G  G  I  O  C  O  E
O  N  R  A  E  L  N  O  L  O  C  I  R  E  P
A  E  M  H  I  L  I  U  I  R  B  W  T  T  S
N  S  E  D  J  A  L  C  A  E  D  L  B  I  D
T  U  T  T  I  P  R  E  S  E  N  T  E  O  Z
I  N  T  E  R  A  Z  I  O  N  E  G  T  H  E
```

DIMENTICARE	PORTA
SEDUTO	FAMIGLIA
ALLUVIONE	TUTTI
PRESENTE	POLLICE
POCHE	FIDUCIA
LINEA	SEI
AVVOCATO	SPECIE
SEMBRAVA	PERICOLO
ESATTAMENTE	GIOCO
INTERAZIONE	CUOCERE

Puzzle 90

```
S X Y N Z P O B K Y A S O P S
I W W R A S W J Q A K O H Q C
M W A I O S O V D A P P A Z I
I Q D G W G C A Q D U R P O N
L R N V M O R I X E W A R C T
I A E R A T N E T R D V O C I
F C A L S W L Q O A I V V I L
J F R O F S O O E T F I I D L
L G T P E R A T F I F V N E A
V U S P F I N T A C I E O N D
A J O U M I L E D R C R Y T O
N U M E R A T O R E I E Y A N
N V I O L A R J L S L V E L N
T O N F O B E I M E I T I E E
```

ESERCITARE
NUMERATORE
PROVINO
OCCIDENTALE
TENTARE
VIOLA
DONNE
PERA
SCINTILLA
DIFFICILI

MOSTRA
AUTOSTRADA
TONFO
FINTA
SOPRAVVIVERE
NASCITA
SIMILI
UMILE
FANGOSO
ZAPPA

Puzzle 91

```
D  P  X  Z  A  M  A  R  T  E  D  Ì  P  I  Q
A  F  F  A  R  I  G  V  V  H  C  G  O  M  L
G  T  L  W  O  Z  C  U  W  R  F  C  S  O  U
H  A  B  I  T  A  T  S  O  M  X  S  S  J  F
A  C  C  O  R  D  O  C  I  J  P  A  I  D  R
D  I  S  C  U  T  E  R  E  R  F  N  B  E  U
S  P  O  R  T  R  A  V  V  S  T  E  I  L  N
G  C  O  M  P  L  I  C  A  T  O  S  L  U  P
X  H  D  E  T  T  A  G  L  I  O  S  E  S  X
E  R  A  R  T  S  U  L  L  I  R  U  T  O  B
V  I  O  T  A  S  S  A  P  I  I  N  P  U  J
P  O  L  V  E  R  O  S  O  C  G  O  B  A  A
A  N  A  T  R  O  C  C  O  L  O  D  M  L  Y
C  O  N  G  R  A  T  U  L  A  R  E  L  P  X
```

SPORT
ANATROCCOLO
MARTEDÌ
GIRO
DELUSO
PASSATO
HABITAT
STRISCIA
CROCE
POLVEROSO

COMPLICATO
ALTRO
ACCORDO
DETTAGLIO
GIRAFFA
POSSIBILE
DISCUTERE
CONGRATULARE
NESSUNO
ILLUSTRARE

Puzzle 92

```
O  P  R  G  F  S  S  O  U  B  E  W  Y  O  M
C  A  I  H  H  C  C  O  E  Q  X  B  T  N  O
C  S  C  Y  Q  U  A  N  R  E  O  N  V  G  D
U  T  O  V  R  O  V  I  G  P  E  U  T  I  I
P  O  N  K  E  T  O  T  R  C  R  L  D  C  F
A  B  O  R  A  E  L  S  A  W  E  E  Z  V  I
T  T  S  C  L  R  O  I  D  F  A  N  S  À  C
O  O  C  S  I  E  O  R  O  O  P  O  T  O  A
I  R  E  O  Z  S  X  P  N  X  H  I  S  C  R
X  R  R  C  Z  I  L  I  K  A  L  G  Z  M  E
V  E  E  I  A  V  U  R  C  I  N  A  W  T  X
V  N  T  A  R  K  Y  C  C  J  U  R  S  T  S
P  T  I  L  E  F  D  A  C  O  M  O  D  E  K
T  E  X  E  C  S  F  V  I  C  I  N  O  W  K
```

PASTO	RICONOSCERE
TORRENTE	REALIZZARE
SOCIALE	AEREO
CAVOLO	SORPRESO
SCUOTERE	COMODE
CIGNO	CENTO
OCCUPATO	GRADO
RAGIONE	MODIFICARE
FACILITÀ	VICINO
ROBA	RIPRISTINO

Puzzle 93

```
H  P  D  O  L  L  E  T  L  O  C  I  S  E  S
S  W  R  I  Z  Z  O  R  T  Q  L  T  R  L  E
C  W  L  L  S  L  R  A  I  Z  B  A  U  A  H
A  V  J  Z  E  T  R  L  E  A  T  L  A  S  D
R  O  Y  A  Z  E  U  Q  E  R  I  N  R  O  F
P  D  J  F  P  H  K  R  O  L  E  I  C  E  O
A  Z  W  S  F  G  P  P  B  K  A  Y  U  S  I
H  Z  I  K  H  U  R  O  F  A  V  W  S  U  D
C  D  I  K  H  R  G  U  A  I  R  N  S  M  E
I  M  P  O  R  T  A  N  T  E  D  E  R  L  N
E  C  O  M  M  E  R  C  I  A  L  E  F  I  T
C  F  G  U  R  I  A  S  S  U  M  E  R  E  I
A  D  E  C  I  M  A  L  E  E  P  S  L  J  C
C  O  C  C  I  N  E  L  L  A  A  K  D  F  O
```

RIASSUMERE
COMMERCIALE
RUGHE
SALTA
FORNIRE
CIELO
PORTARE
DECIMALE
COLTELLO
LATI

GUAI
IDENTICO
DISTURBARE
IMPORTANTE
DISPERATO
COCCINELLA
SALE
ROZZI
MUSEO
SCARPA

Puzzle 94

```
A T T R A V E R S O L F E O P
S G A B E L L O Z B H Z L L A
A G I T A R E B U N B P Y L T
T O L A D I C H I A R A R E A
B U U T V K Q R I T I A A M T
C A B Y E R E M U S Z V N M A
U I T O I L G I M E N Z E A V
R N V T A Y V V T R Z V L C F
I O T N E L O N N O S H L Y M
O L U D E R C B T F V G O V N
S O W Z C C E G E N I T O R E
O C G H I A C C I O L I I H O
A G R I F O G L I O C A L D O
P R O V O C A Z I O N E A O N
```

SGABELLO   GHIACCIOLI
ANELLO   FORESTA
COLONI   TUBO
PROVOCAZIONE   CURIOSO
AGRIFOGLIO   DICHIARARE
PATATA   AGITARE
SONNOLENTO   VIA
BATTERE   CALDO
CAMMELLO   MIGLIO
ATTRAVERSO   GENITORE

Puzzle 95

```
R D E M O C R A T I C O Z F P
B I C O N O S C E N Z A O N I
K U S X B O L E R A I F F O S
K G F E R E G N U I G G A R C
E O T A R G X T Q L L H U E I
T S C S L O N I V G A K N R N
O S O T S O C J P A R H I Y A
M A N A G E R S X T G W T O C
A B B O N D A N T E O X N D U
S P R E C I P I T A Z I O N I
P U P R E F E R I T O P C V X
Y Z O L L E P P A C Y U U Q W
G A J N C O N S E R V A W X Q
G D V C O N O D I C E D S O M
```

RAGGIUNGERE
RISERO
BUFALO
PISCINA
DEMOCRATICO
VINO
MANAGER
TAGLIA
DECIDONO
PREFERITO

SUONO
CONSERVA
CAPPELLO
PRECIPITAZIONI
LARGO
CONOSCENZA
COSTOSO
CONTINUA
SOFFIARE
ABBONDANTE

Puzzle 96

```
B E O C E R E B R E Q H F E C
Z L P R O P C H I O D O R O H
U A O Y O N R D Y M Z B E I I
W I Z R P Y S O F P Y N D C E
F V R X M A V E C A I G D C S
H U O Q A G K L C E R I O O T
T L F I H A L I P U D B Y R O
T P S X S H W T O E T U U P V
V J O M R W X S M E N I R P I
A N A N A S D C O R T A V A A
A M E R I C A N A E T W A O B
Q U A N T I T À T V I G A Q C
M X E R R A R T S I D X D C U
I N D I C A R E Q V J B T T C
```

CHIODO   APPROCCIO
BERE   CONSECUTIVO
SFORZO   VIVERE
CHIESTO   FREDDO
GIACEVA   INDICARE
AMERICANA   SHAMPOO
PLUVIALE   FIORE
PROCEDURA   DISTRARRE
CORTA   QUANTITÀ
ANANAS   STILE

Puzzle 97

```
G F M N E C B A G V E O C L I
R G D G S I R I N I E P O D N
A L O G E R J W J G Q P R M F
T R A F G S B N O K U B S F A
I M L C U O T A N U T R O F S
S V S O I C S A L I R C I B T
O L L O R T N O C K A R S A I
T X D D E S S E N T N I C F D
T A S I H W R A B W I C I I I
O Y E N N I G I L F M E O E R
D Q Z W P W I E H P A T L N E
O P D L K B Q V N M L O T I N
R S O P A E S E M S E Q O L C
P C A M M E T T E R E V M E Y
```

FORTUNATO
ANGURIA
CORSO
SCIOLTO
AMMETTERE
CONTROLLO
ESEGUIRE
COLPIRE
PRODOTTO
INFASTIDIRE

NIDO
FIENILE
CRICETO
GRATIS
IRIS
RILASCIO
PAESE
REGOLA
PLASTICA
ANIMALE

Puzzle 98

```
M X W A O Z F O S X Z W N L D
J O D S C K T A I N E Z S L I
S Y G U E E T X G Z S B X B F
A W O A L I F U N O U B Q H E
N T P P C Q S S I F C P C K S
I Z M S T W Z F F C S N F K A
H O E S R S O V I T T E I B O
C R T T G O R R C G R I G I O
C S R A O N A M A G U I C S A
A P Z D D S O S T A N T I V O
M I Z Y E R I R A P P A Z S N
V L C V N K A G A L L I N A G
S L H K Q A S U F J F S W N E
R A T A N R O I G Q D D X O R
```

SOSTANTIVO
PAUSA
CRESCITA
TEMPO
GUARDATO
SPILLA
APPARIRE
BUON
SCUSE
GRIGIO

GALLINA
GIORNATA
OBIETTIVO
SIGNIFICA
DIFESA
MACCHINA
COMPLETO
ASCIUGAMANO
FILA
REGNO

Puzzle 99

```
D A T I V M I G L I O R A R E
K Z G D I S P O N I B I L E L
T N A O Y J W T T L D F R V A
O A T J R W C A B P O G S E I
S C T J J P X T W B M B U R C
E N I F J M H D A R A V G I E
G A V F P I E G A S N Y G F P
N M O R A A L B N A I N E I S
O N X D E R A T S E R P R C V
H D X K S Z G G O C M Z I A B
P R E N D E R E H A U N R R J
N O R D Z Y O J A D B J E S C
C A L C O L A R E U K P V I H
E V I D E N T E F A C I L E W
```

SEGNO
AUDACE
SUGGERIRE
PRENDERE
GRAFICO
VITA
VERIFICARSI
SPECIALE
DISPONIBILE
DOMANI

AGO
MANCANZA
FACILE
PRESTARE
PIEGA
ATTIVO
NORD
EVIDENTE
MIGLIORARE
CALCOLARE

Puzzle 100

```
Q U V D N F S V U O T A R E I
K S T A D Q C M B K U B X D M
R L Y C T M C L X V U E M T M
A N N E P D K M A G J C C I E
R R I E S E D E V S O O T S R
M A N Q E S N I D P S L U R S
A R V H A C O R O T O E A E I
Y A I I E R S E A M R V Z D O
T M A D P I A S K C T L S E N
S E T C Q V C K I P E Y G S E
H N O T D E G R H F I K S Z B
Q T D R B R Z L E O D Q U T Q
V E O C U E T R A S P O R T O
C O N V E R S A Z I O N E R K
```

SVUOTARE
CONVERSAZIONE
INVIATO
MOLTI
SVEDESE
CLASSE
VELOCE
SERIE
DIETRO
CASO

DESCRIVERE
SEDERSI
IMMERSIONE
NODO
ORO
TRASPORTO
ARMA
PENNA
RARAMENTE
CARNE

Puzzle 1

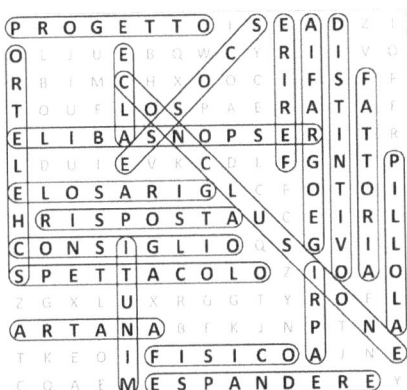

Puzzle 2

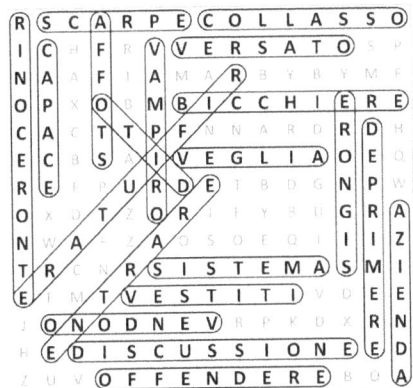

Puzzle 3

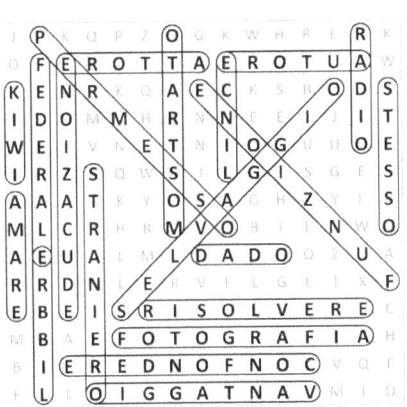

Puzzle 4

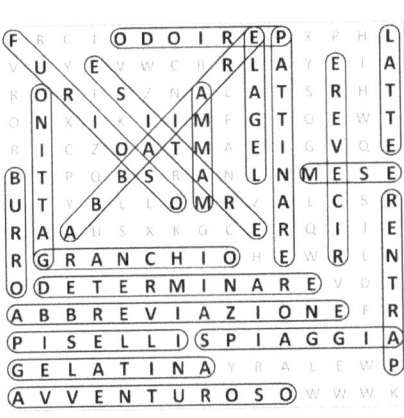

Puzzle 5

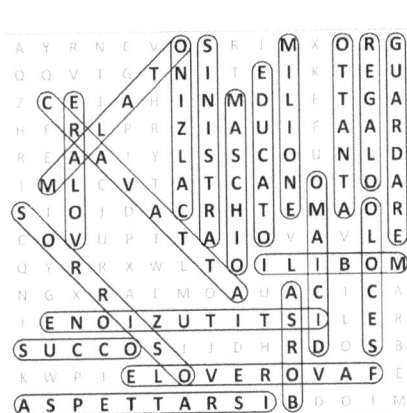

Puzzle 6

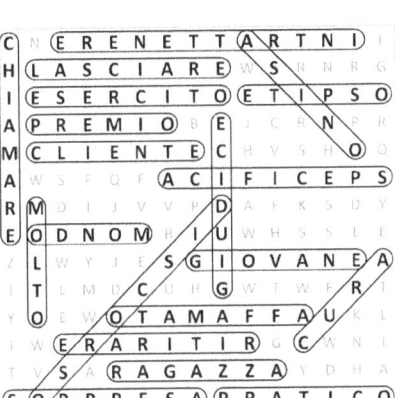

Puzzle 7

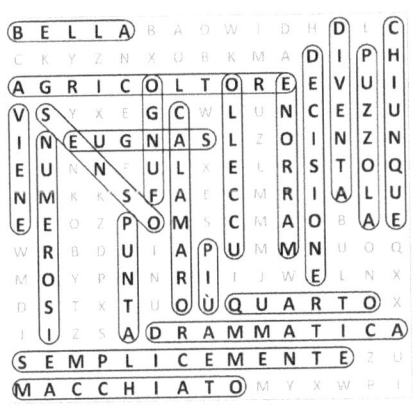

Puzzle 8

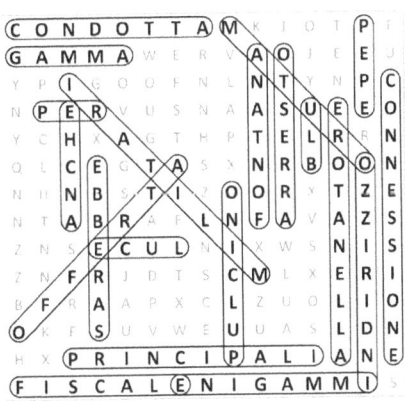

Puzzle 9

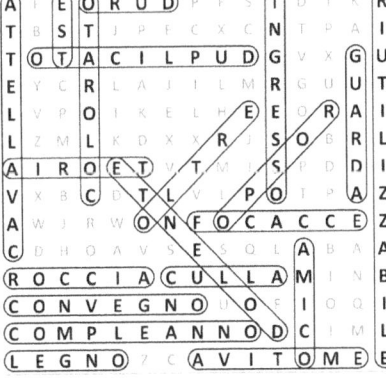

Puzzle 10

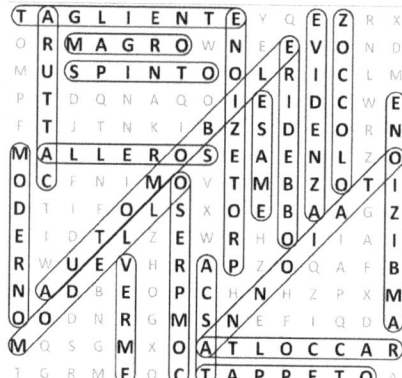

Puzzle 11

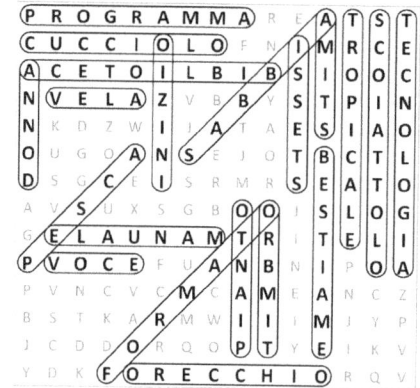

Puzzle 12

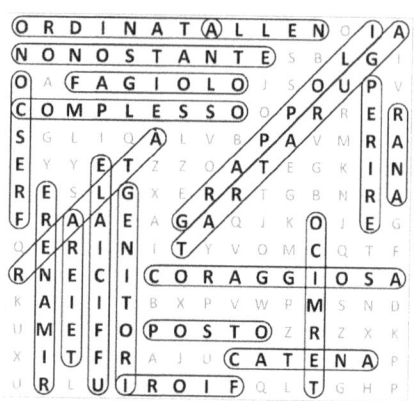

Puzzle 13

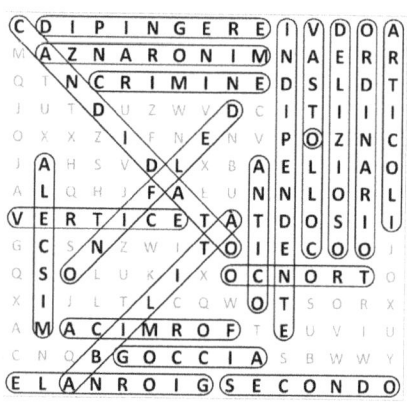

Puzzle 14

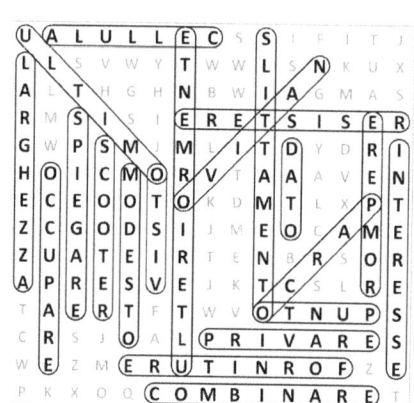

Puzzle 15

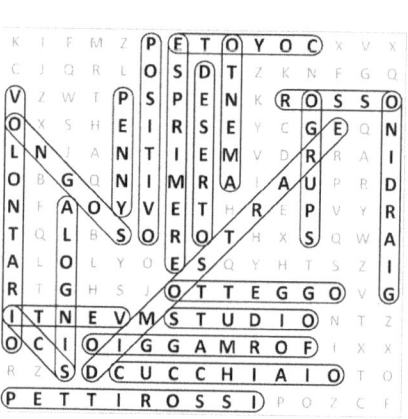

Puzzle 16

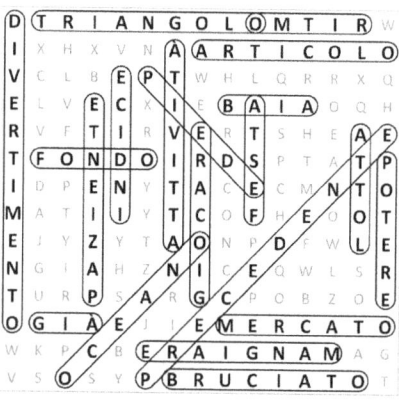

Puzzle 17

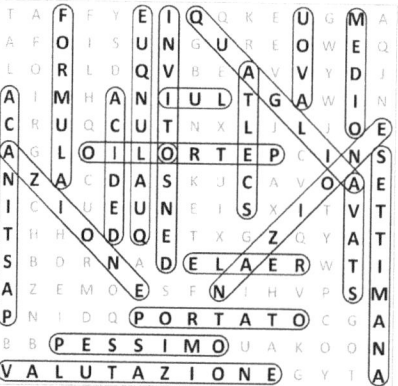

Puzzle 18

Puzzle 19

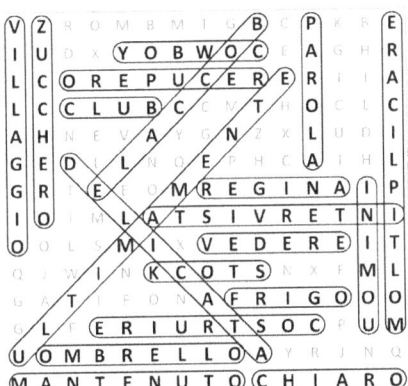

Puzzle 20

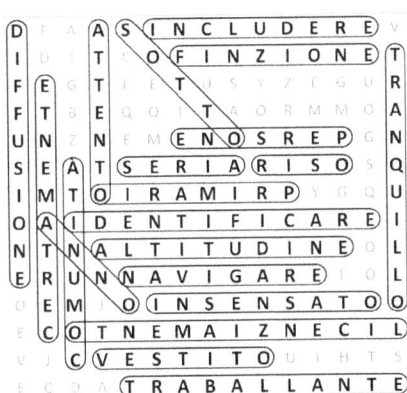

Puzzle 21

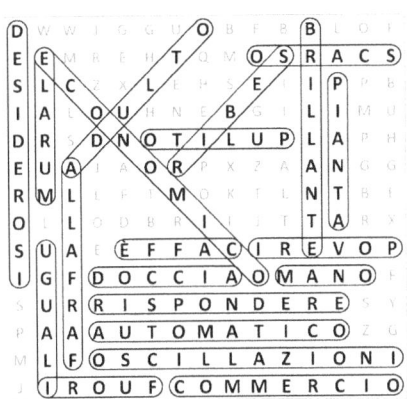

Puzzle 22

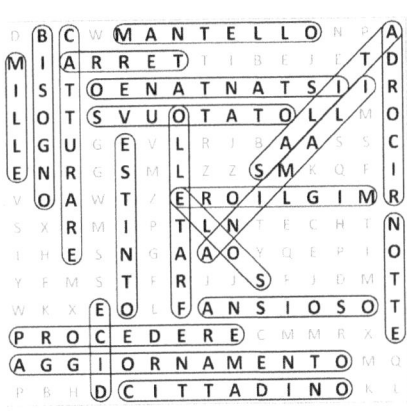

Puzzle 23

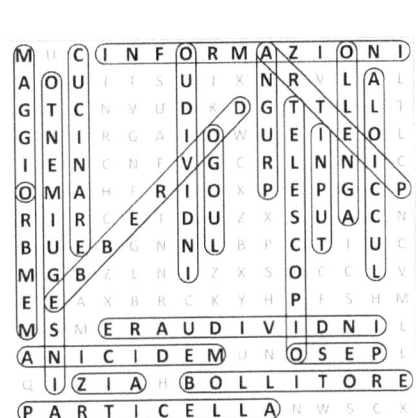

Puzzle 24

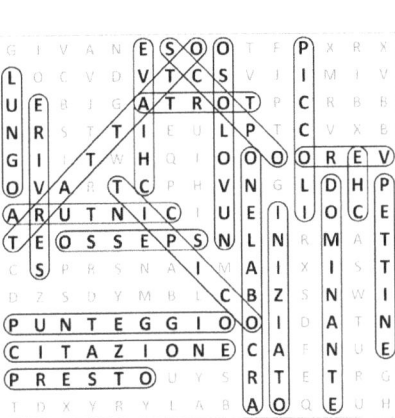

Puzzle 25

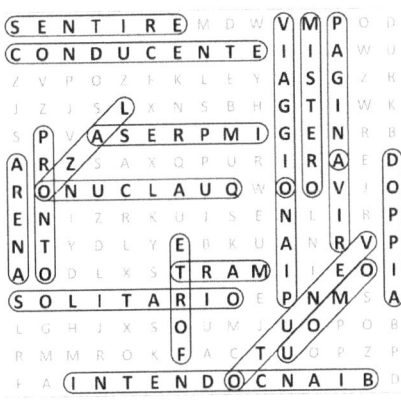

Puzzle 26

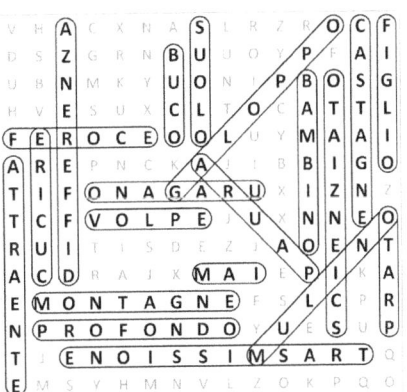

Puzzle 27

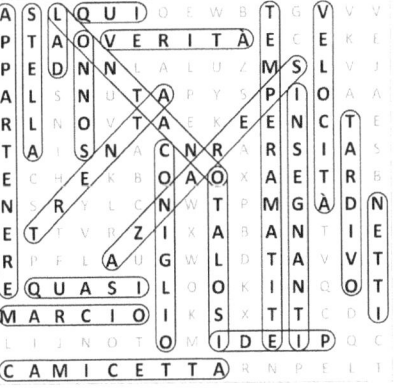

Puzzle 28

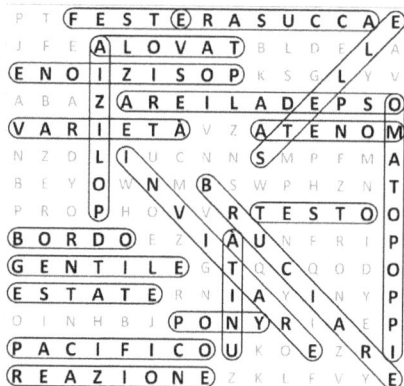

Puzzle 29

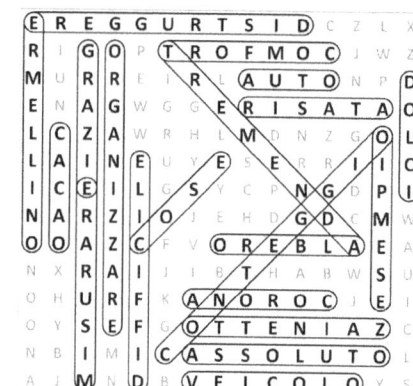

Puzzle 30

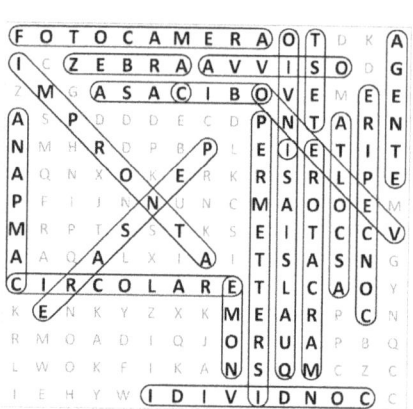

Puzzle 31

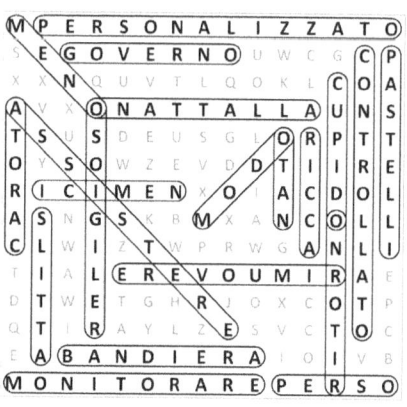

Puzzle 32

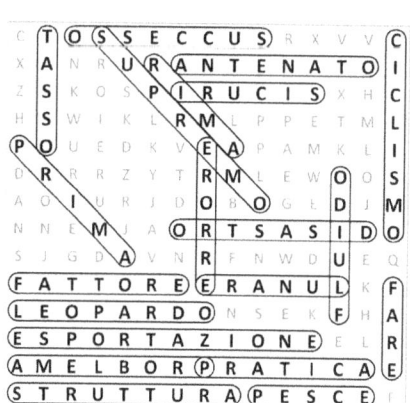

Puzzle 33

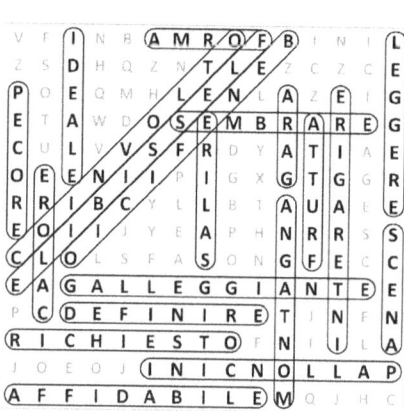

Puzzle 34

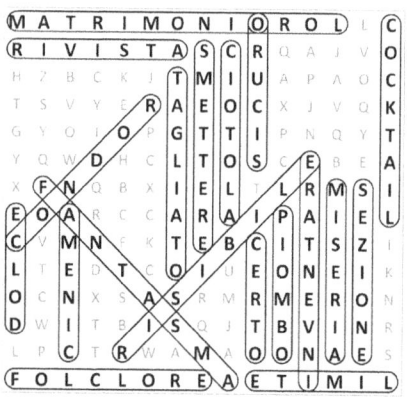

Puzzle 35

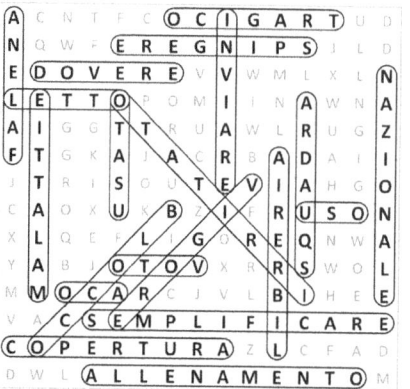

Puzzle 36

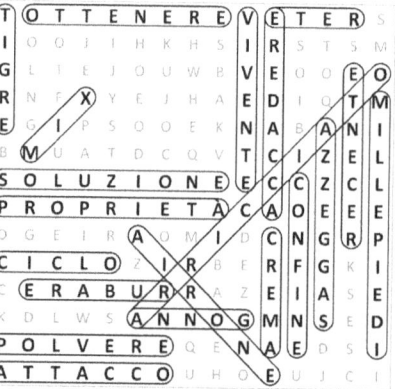

Puzzle 37

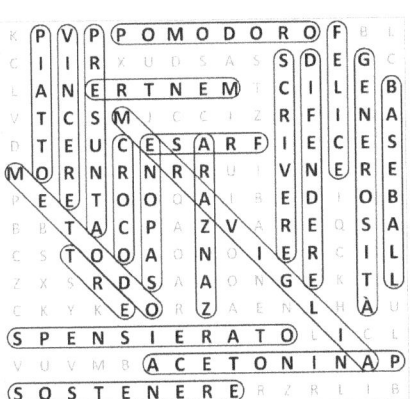

Puzzle 38

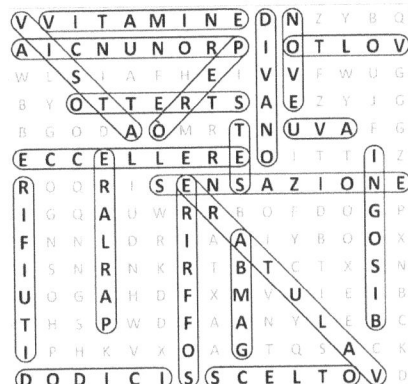

Puzzle 39

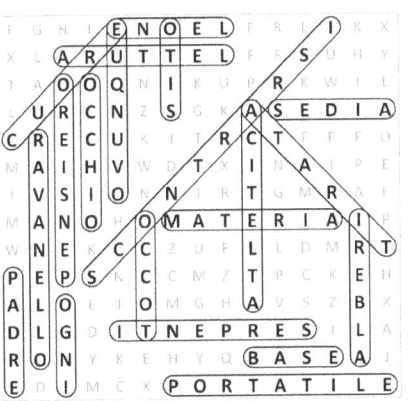

Puzzle 40

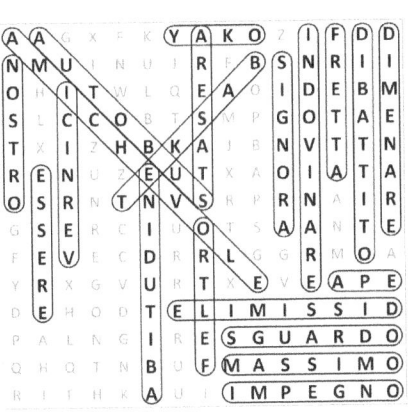

Puzzle 41

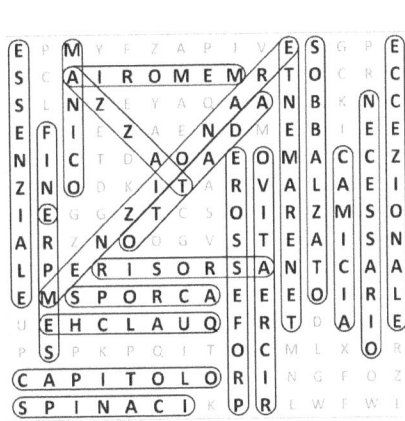

Puzzle 42

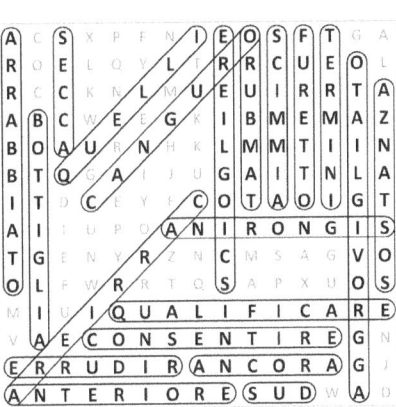

Puzzle 43

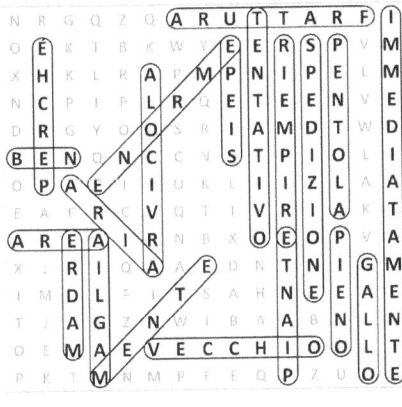

Puzzle 44

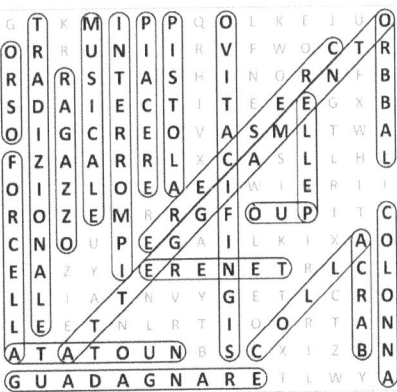

Puzzle 45

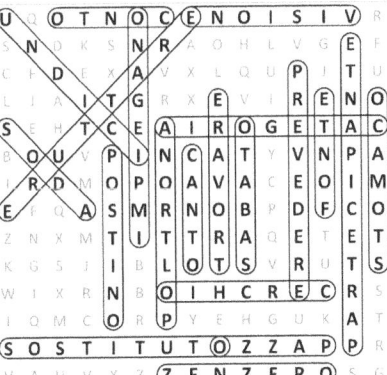

Puzzle 46

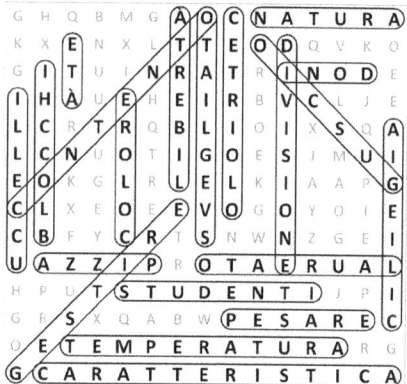

Puzzle 47

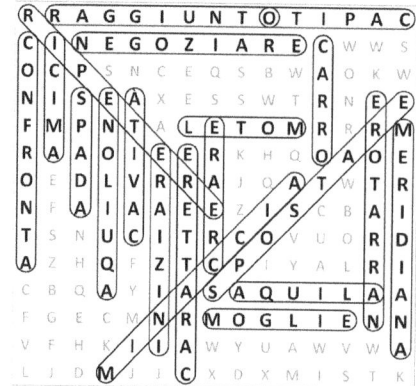

Puzzle 48

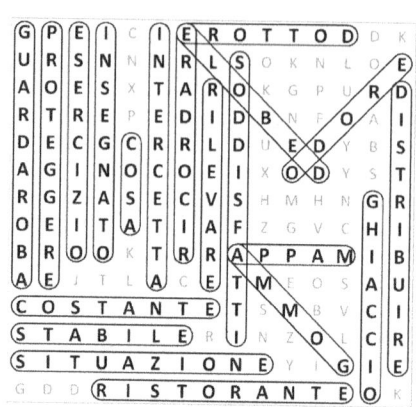

Puzzle 49

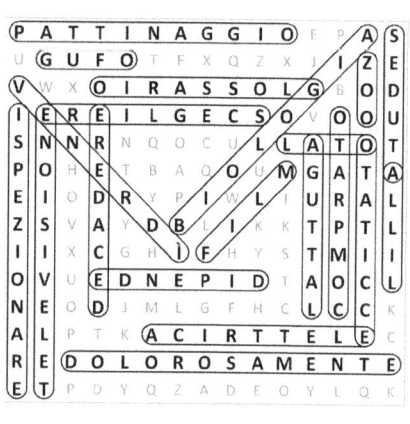

Puzzle 50

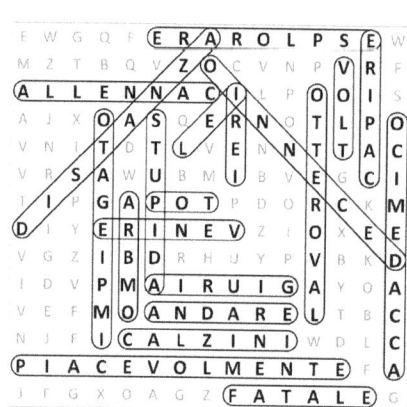

Puzzle 51

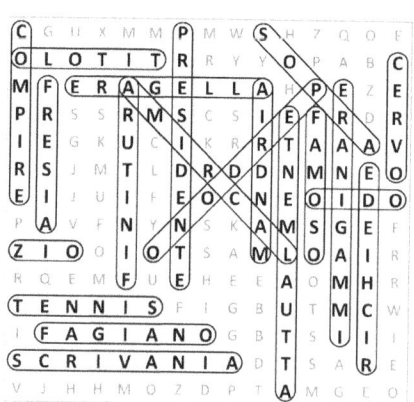

Puzzle 52

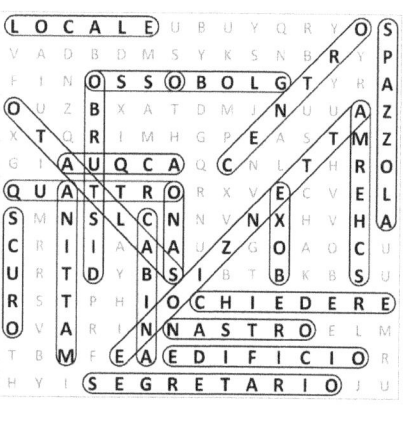

Puzzle 53

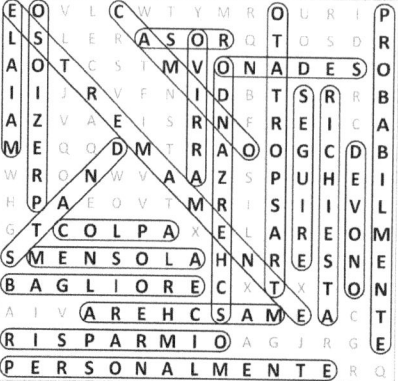

Puzzle 54

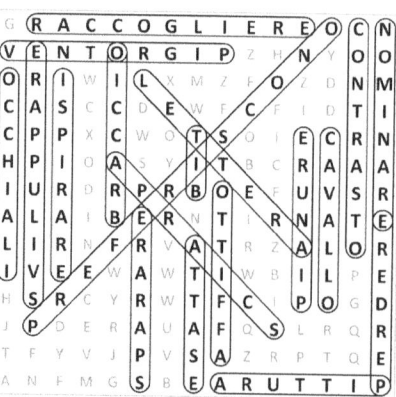

Puzzle 55

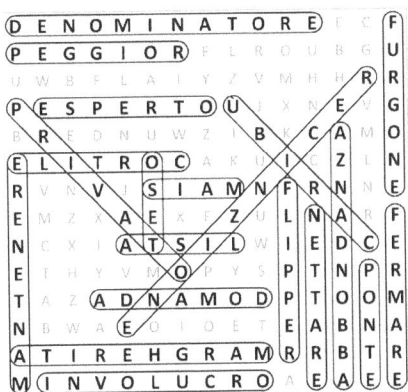

Puzzle 56

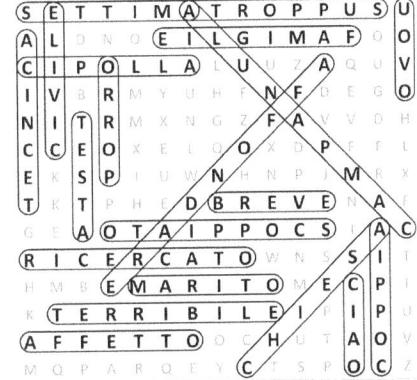

Puzzle 57

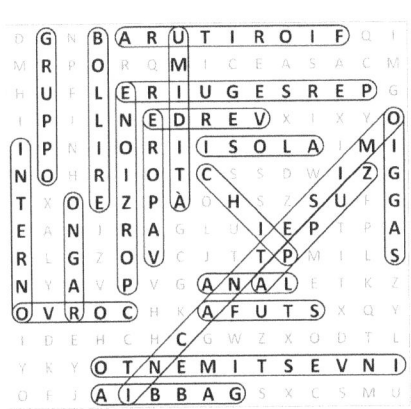

Puzzle 58

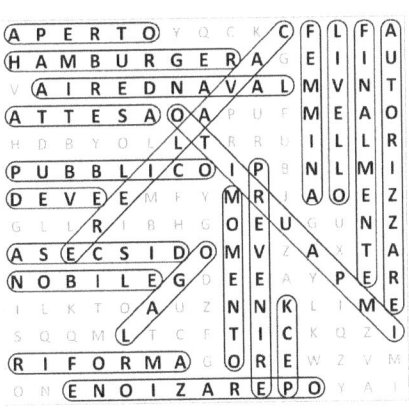

Puzzle 59

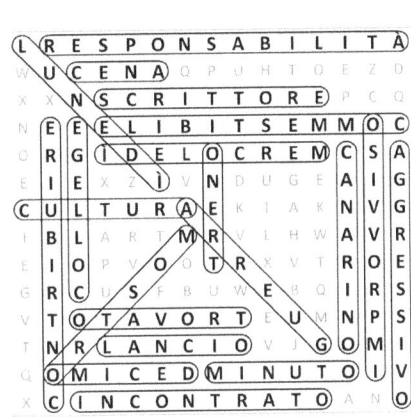

Puzzle 60

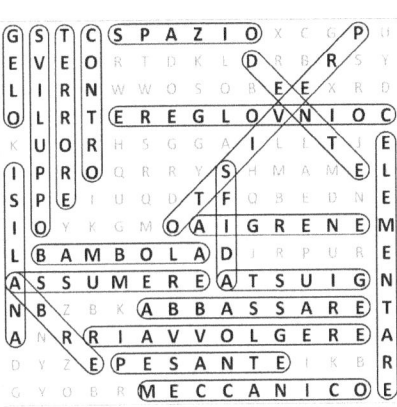

Puzzle 61

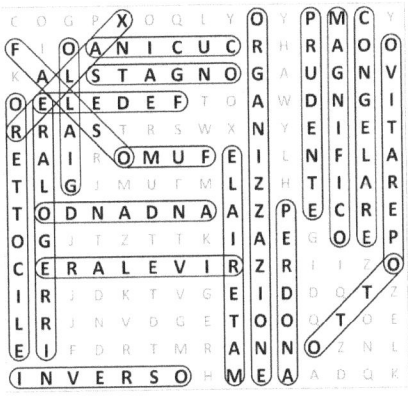

Puzzle 62

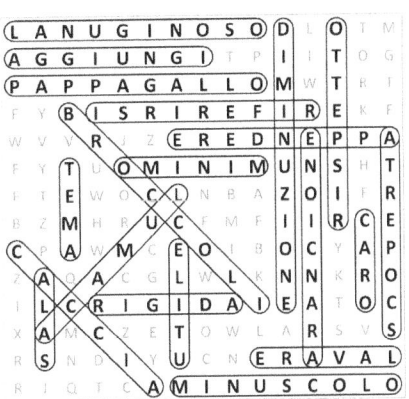

Puzzle 63

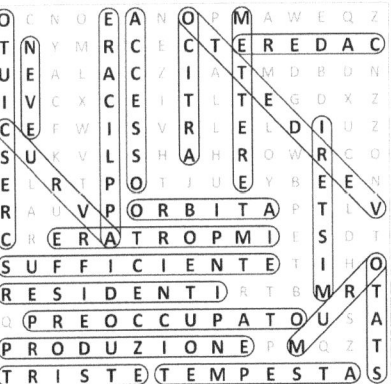

Puzzle 64

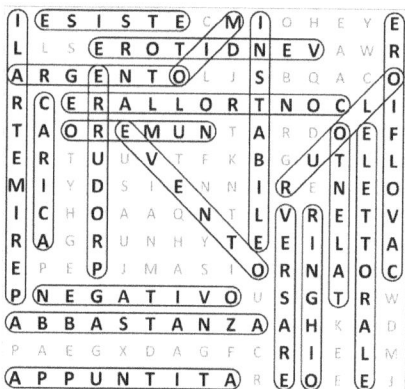

Puzzle 65

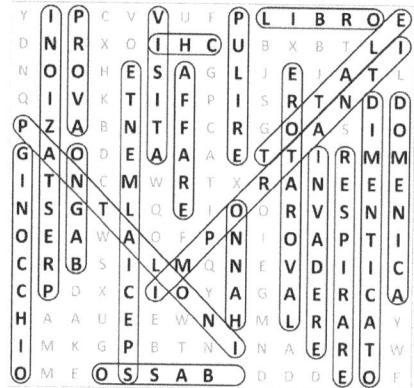

Puzzle 66

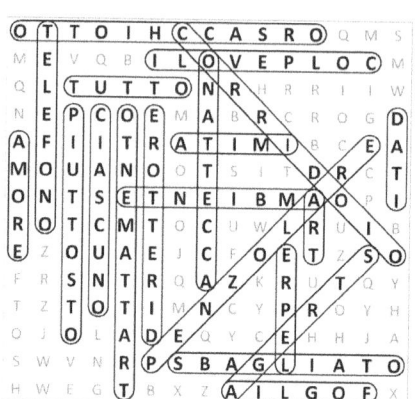

Puzzle 67

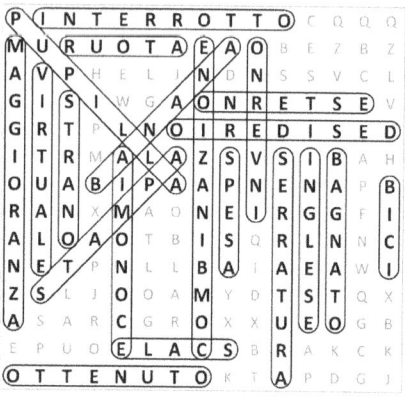

Puzzle 68

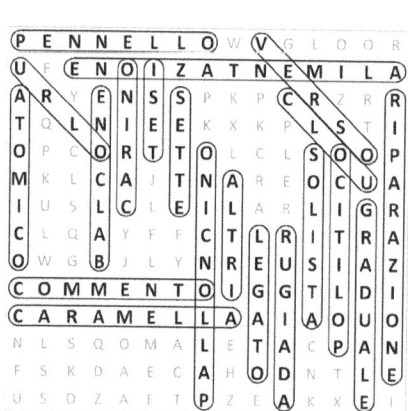

Puzzle 69

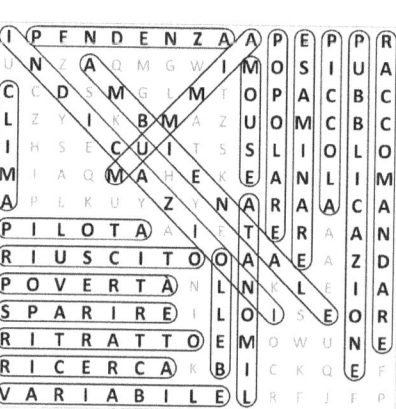

Puzzle 70

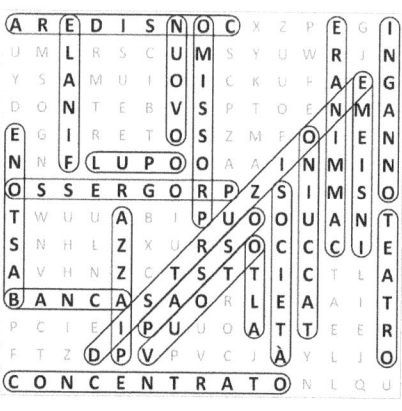

Puzzle 71

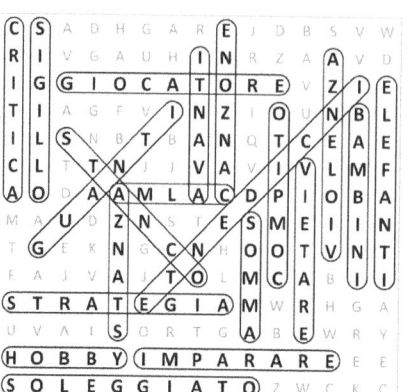

Puzzle 72

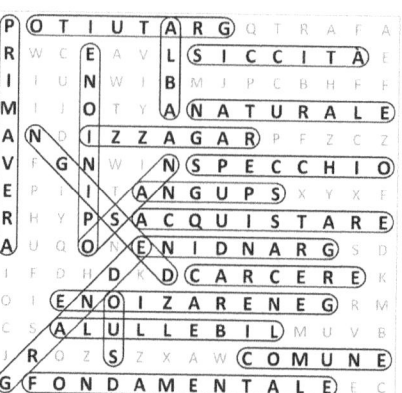

Puzzle 73

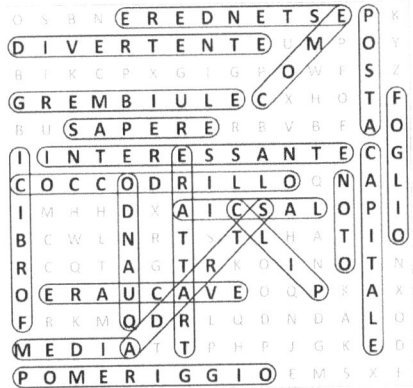

Puzzle 74

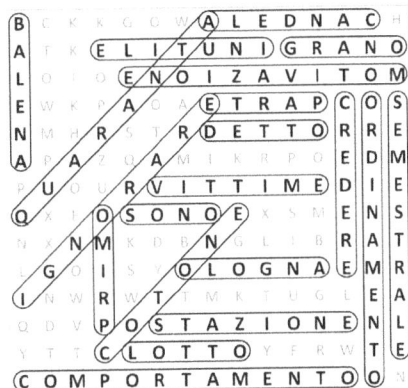

Puzzle 75

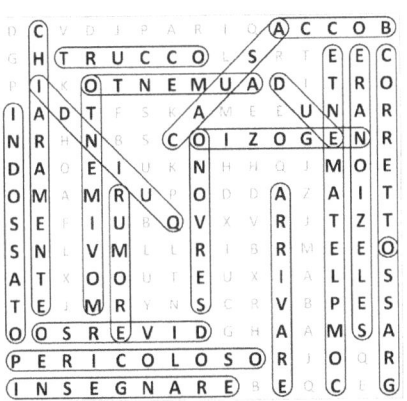

Puzzle 76

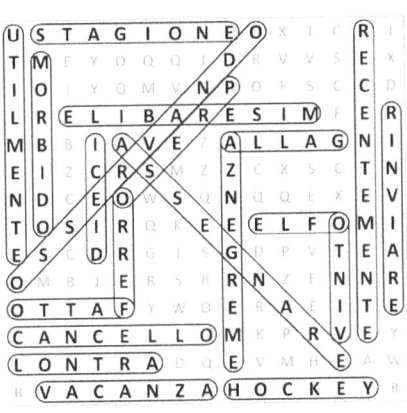

Puzzle 77

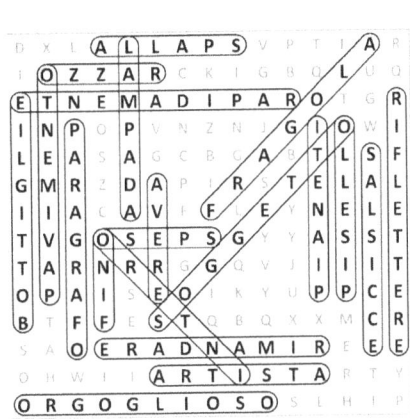

Puzzle 78

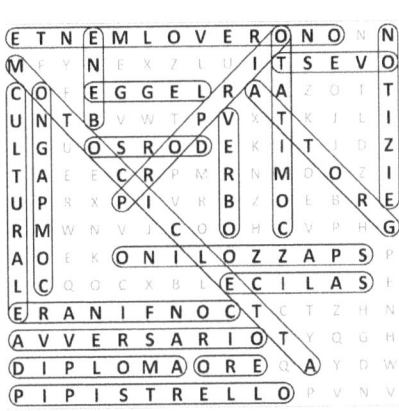

Puzzle 79

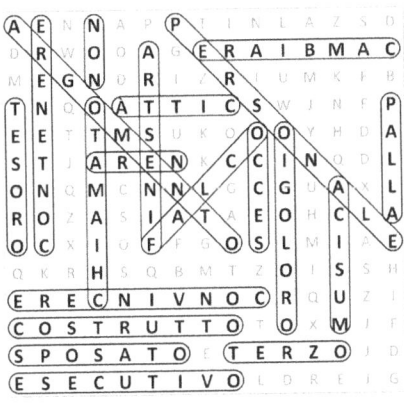

Puzzle 80

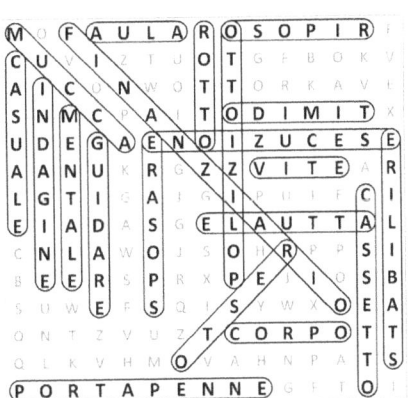

Puzzle 81

Puzzle 82

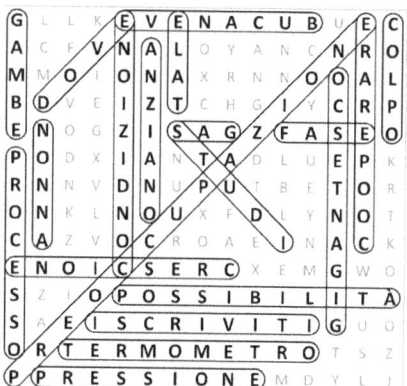

Puzzle 83

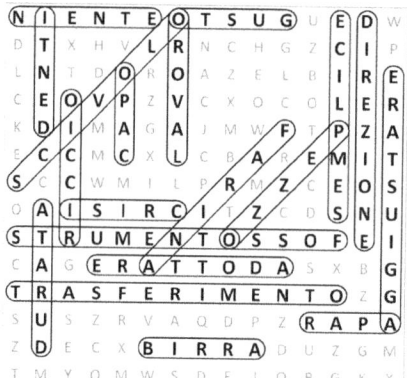

Puzzle 84

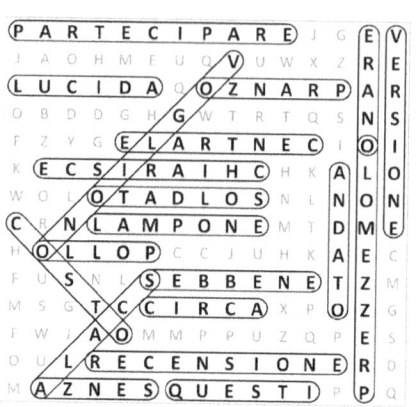

Puzzle 85

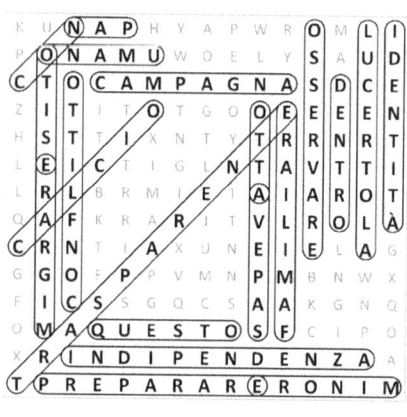

Puzzle 86

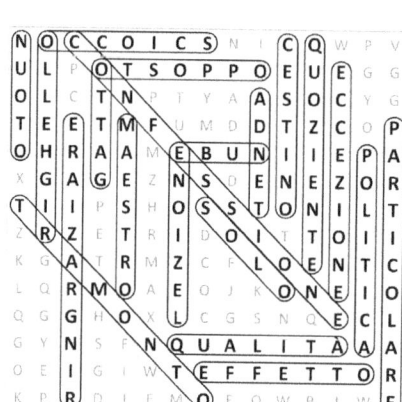

Puzzle 87

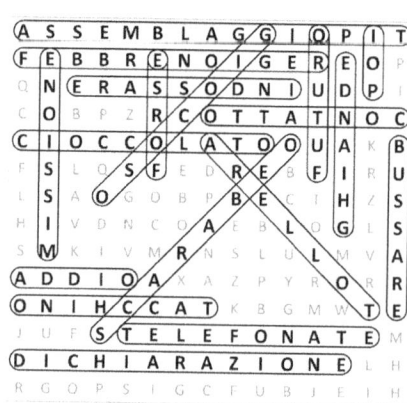

Puzzle 88

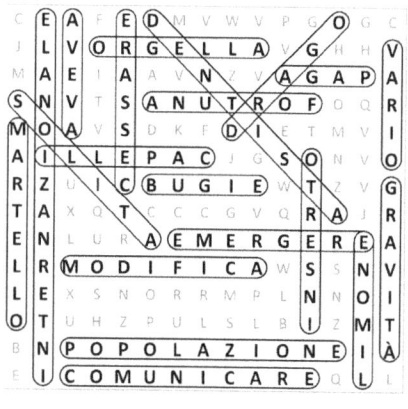

Puzzle 89

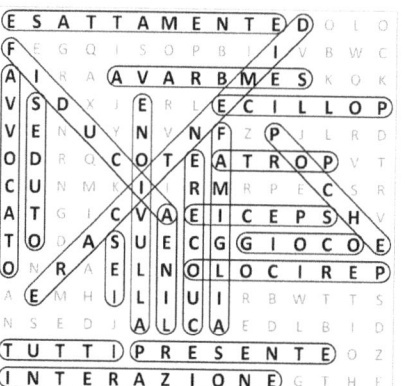

Puzzle 90

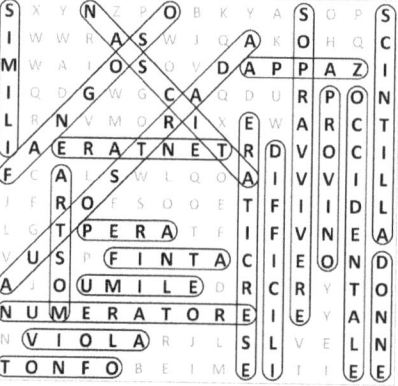

Puzzle 91

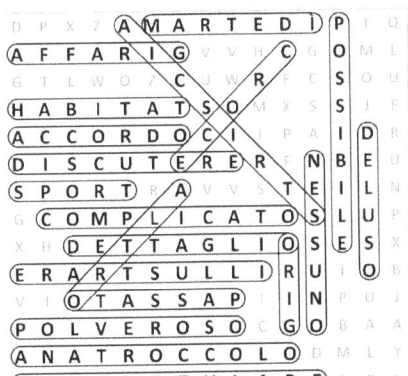

Puzzle 92

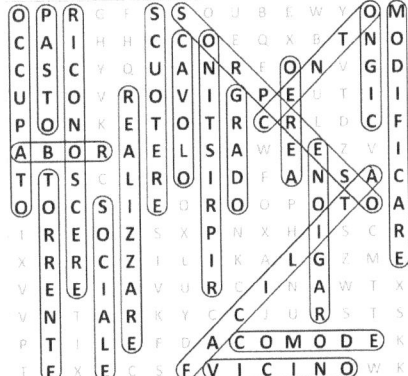

Puzzle 93

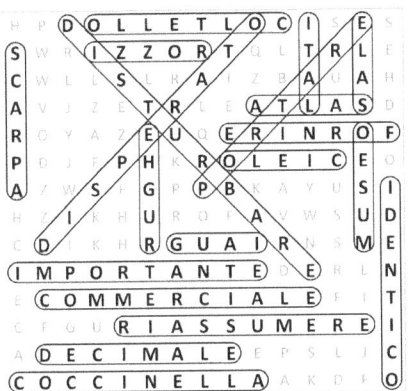

Puzzle 94

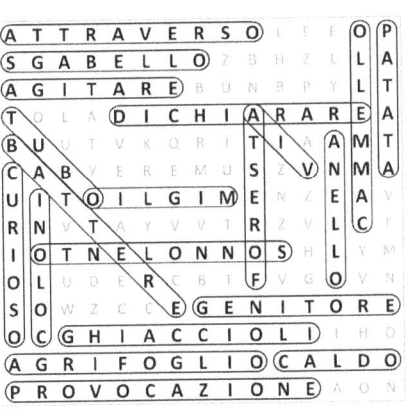

Puzzle 95

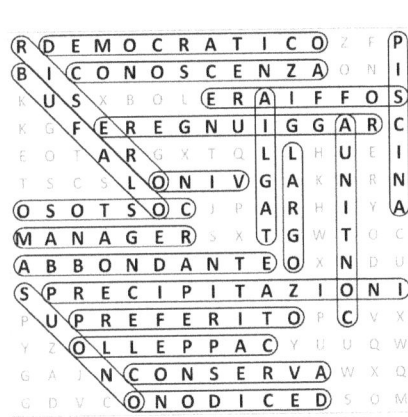

Puzzle 96

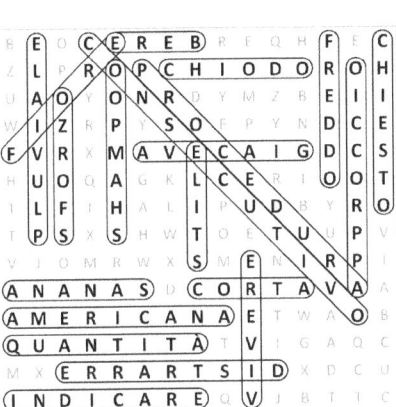

Puzzle 97

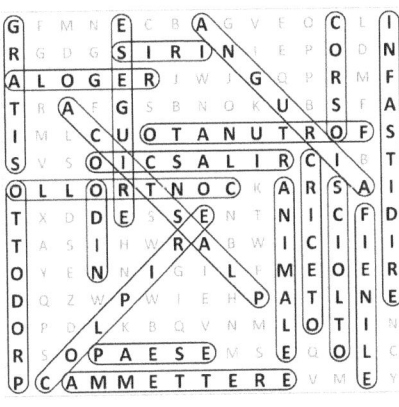

Puzzle 98

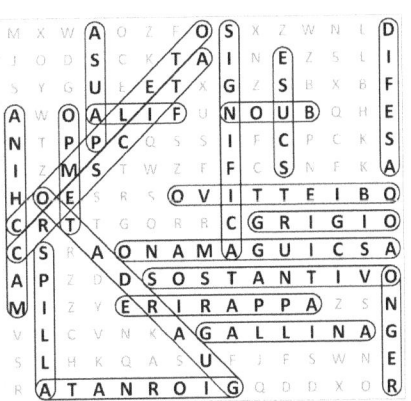

Puzzle 99

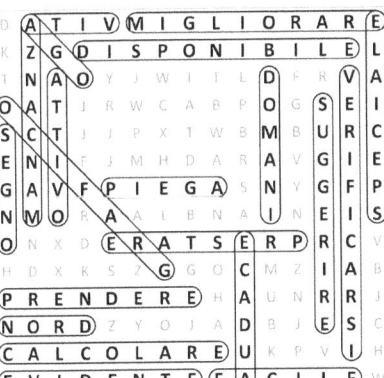

Puzzle 100

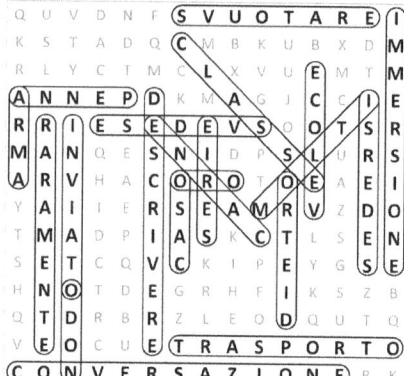

Congratulations

You made it!

We hope you enjoyed this book as much as we enjoyed making it. We do our best to make high quality games.

These puzzles are designed in a clever way to actively spark the brain and make it sharp and quick!
Did you love them?

A Simple Request

Our books exist thanks to the reviews you post on Amazon. Could you help us by leaving a review now?

Here is a short link which will take you to your Amazon orders review page.

BestBooksActivity.com/Review50

MONSTER CHALLENGE!

Challenge #1

Ready for Your Bonus Game? We use them all the time but they are not so easy to find. Here are **Synonyms**!

Note 5 words you discovered in each of the Puzzles noted below (#21, #36, #76) and try to find 2 synonyms for each word.

Note 5 Words from *Puzzle 21*

Words	Synonym 1	Synonym 2

Note 5 Words from *Puzzle 36*

Words	Synonym 1	Synonym 2

Note 5 Words from *Puzzle 76*

Words	Synonym 1	Synonym 2

Challenge #2

Now that you are warmed-up, note 5 words you discovered in each Puzzle noted below (#9, #17, #25) and try to find 2 antonyms for each word.
How many lines can you do in 20 minutes?

Note 5 Words from **Puzzle 9**

Words	Antonym 1	Antonym 2

Note 5 Words from **Puzzle 17**

Words	Antonym 1	Antonym 2

Note 5 Words from **Puzzle 25**

Words	Antonym 1	Antonym 2

Challenge #3

Wonderful, this monster challenge is nothing to you!

Ready for the last one? Choose your 10 favorite words discovered in any of the Puzzles and note them below.

1.	6.
2.	7.
3.	8.
4.	9.
5.	10.

Now, using these words and within a maximum of six sentences, your challenge is to compose a text about a person, animal or place that you love!

Tip: You can use the last blank page of this book as a draft!

Your Writing:

Explore a Unique Store
Set Up **FOR YOU!**

BestActivityBooks.com/TheStore

Designed for **Entertainment**!

Light Up Your Brain With Unique **Gift Ideas**.

Access **Surprising** And **Essential Supplies!**

CHECK OUT OUR MONTHLY SELECTION NOW!

- Expertly Crafted Products -

NOTEBOOK:

SEE YOU SOON!

Delta Classics Team

BESTACTIVITYBOOKS.COM/FREEGAMES